生活勵志
022

貼心

掬一瓢暖意

最貼近人性心靈的作家 何權峰◎著

生活勵志 022

貼心——掬一瓢暖意

作　　者　何權峰
書系主編　丘光
編　　輯　蘇芳毓
校　　對　楊惠琪
出 版 者　英屬維京群島商高寶國際有限公司台灣分公司
Global Group Holdings, Ltd.
地　　址　台北市內湖區新明路174巷15號1樓
網　　址　www.sitak.com.tw
電　　話　(02) 27911197　27918621
電　　傳　出版部　(02) 27955824
行 銷 部　（02）27955825
E-mail　readers@sitak.com.tw<讀者服務部>
pr@sitak.com.tw<公關諮詢部>
郵政劃撥　19394552
戶　　名　英屬維京群島商高寶國際有限公司台灣分公司
出版日期　2005年4月第二版第一刷
發　　行　希代書版集團發行
香港總經銷　全力圖書有限公司
地　　址　香港新界葵涌打磚坪街58-76號和豐工業中心1樓8室
電　　話　(852)2494-7282
傳　　真　(852)2494-7609

國家圖書館出版品預行編目資料

貼心／何權峰著・第二版．——臺北市
；高寶國際出版：希代發行，2005〔民94〕
面；　　公分．——（生活勵志系列，22）

ISBN 986-7323-12-2（平裝）
1．修身　2．生活指導
192.1　　　　　　　　93023595

如果將「愛」（LOVE）字拆開來看——

L，代表「listen」，「聽」的意思。愛，就是要無條件，無偏見地，傾聽對方的需求。

O，代表「overlook」，「寬恕」之意。愛，就是仁慈的對待，寬恕對方的缺點與錯誤，並找出他的優點與長處。

V，代表「voice」，指「聲音」。愛，就是要經常表達欣賞和感激，真誠地鼓勵，悅耳地讚美。

E，代表「effort」，即「努力」。愛，需要不斷地努力，付出更多的時間，去灌溉屬於愛的良田。

目錄

貼心——掬一瓢暖意

情愛之雲

生活之風

心靈之羽

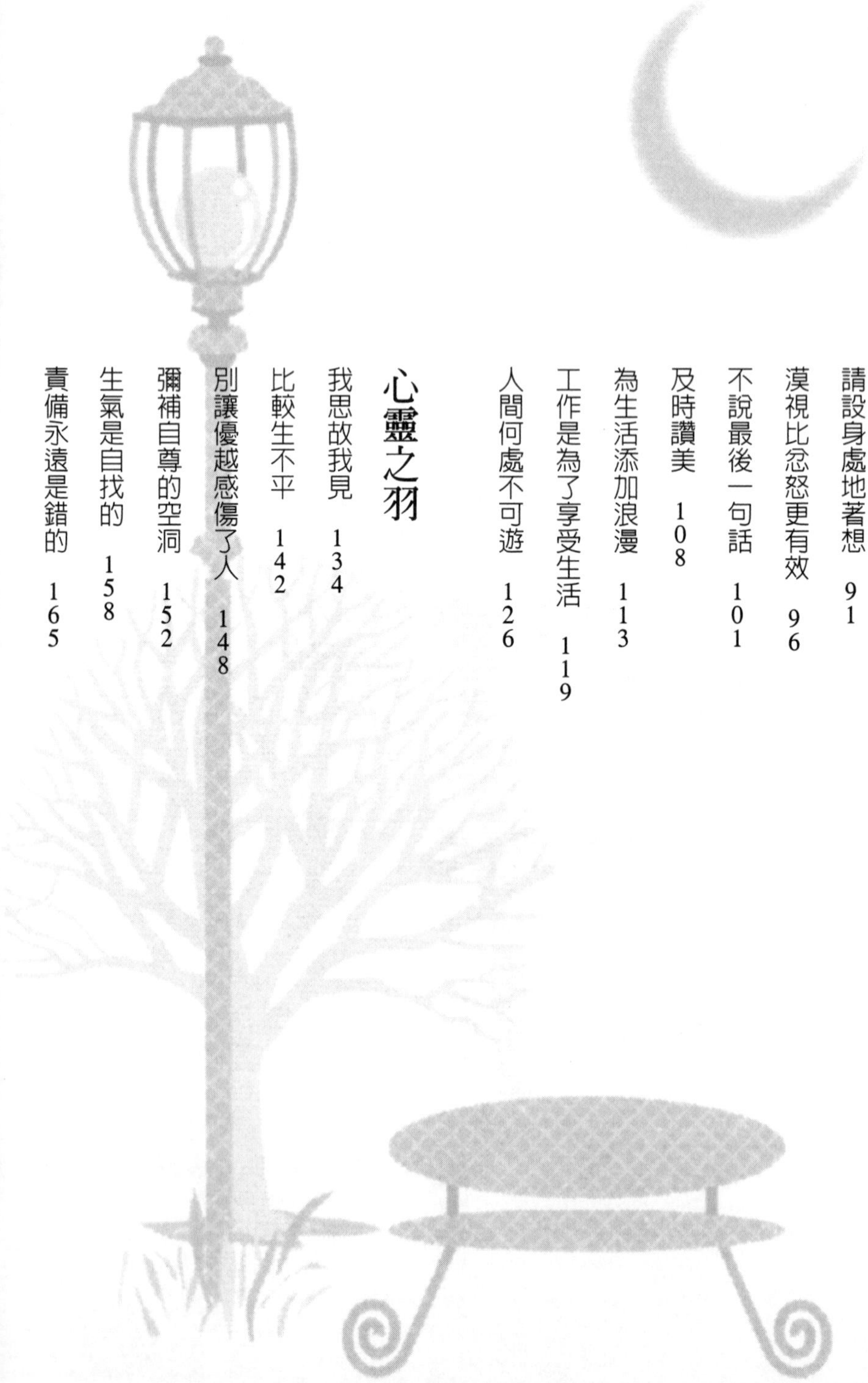

生命之水

一個明確可行的方向

李家同

何權峰是一位醫師，可是非常勤於動筆，寫了不少有意義的書。這本《貼心——掬一瓢暖意》，是目前最新的作品。

這本書一共有四十五個單元，每個單元談一個觀點，每一個單元的最後，都有一兩句很有趣的句子，作為這個觀點的扼要簡述。我每次看完一個單元，就一定去唸這個單元的篇後簡述。比方說，在〈不完美又何妨〉這個單元中，作者的簡述是「完美主義者是那種自己受苦受難還嫌不夠，又硬拉別人也去跳水坑的人。」這是一句多麼有趣的話！

這本書每一單元都在講一個道理，也許有些人會問：「坊間這一類的書已經很多了，為什麼還要這一本呢！」

很多這一類的書都有一個缺點：他們的道理太神聖了，凡人根本做不到，只有聖人才做得到。這種書實在沒有什麼用處。我常常發現有些書是專門寫給修道院裡修道的人看的，可是這類的人最不需要這類書。

我之所以喜愛這本書，就是因為這本書的每一個觀念都很實際。舉例來說，有一個單元是〈女人需要學習愛自己〉，很少人如此認為，大多數人要求女人犧牲，可是在日常生活中，一天到晚將自己犧牲掉的賢妻良母，一定幸福嗎？當然不，我們看到太多不幸的家庭，妻子百依百順，結果仍然沒有得到好結果，何醫師因此勸女性要實際一點，總要設法保護自己才行。

道德是一種規範，規範我們的行為。道德如果要對人類有所影響，就一定要可行；一旦陳義太高而不可行，道德就對社會沒有影響力了。

我們社會的確需要多一些勸人做好人的書，只可惜像本書一樣的著作卻十分少有。何醫師告訴我們，在這個社會裡，如何保有一顆溫柔的心。環顧四週，不難發現，我們的社會是一個非常講究「不是你死，就是我活」的冷酷世界。我們每天努力工作，並不是因為我們愛好工作，而是因為我們必須如此，才能生存。

有鑑於此，何醫師認為我們應該營造一個更加和平的社會；要達到這一點，最重要的是我們每個人該有一顆溫柔的心。在這個講究「競爭」的社會裡，這本書指出了一個方向，告訴我們——如何能夠留在如此講究競爭力的社會裡，而仍保有一顆溫柔的心。

李家同
・美國加州大學柏克萊分校電機博士
・現任國立暨南國際大學資工系教授

有關「愛」的主題

鍾思嘉

在教學之餘，自己一直喜歡舞文弄墨。原以為這種爬格子的事與自己的工作較相近，卻也認識不少其他行業的同好亦為文撰書。寫作似與他們的工作有一段距離，不得不欽佩的是，他們出書不僅量盛產豐，而且質實品優。

與何醫師素昧平生，只因他來函對我過去量少質拙的作品有太多的溢美之辭，而人總是禁不起捧讚之誘惑，於是「不再為人寫序」的決心動搖，心想趁尚未點頭承諾之前，先瀏覽其中一些文章再說，以免自己的序文又是徒增空言或聊備一格。

隔些時日，在何醫師親自打電話來時，腦海裡的架構已悄然成形。因為，花了很長一段時間拜讀全書後，發現這本大作的中心思想，在我們都未曾看過對方文章的情況下，與我數月前出版的新書《快樂就在方寸之間》中陳述的生活態度、乃至生命的看法，竟是如此前後呼應、心意相通。雖然相較起來，不敢託大自稱前輩，但我卻可以肯定的說，後來者確有不凡的卓然之勢。

如果把品讀此書比喻為觀看一齣生命的舞台劇，啟幕開場的是愛之闡揚，想法的改變、傾聽、同理、關懷、讚美等是一波波的高潮，享受生命則是壓軸；而全書前後貫穿的主軸仍是愛。

儘管自古以來有許許多多「愛」的詮釋，但對現代人而言，它仍是說時容易做時難的抽象感覺；然而，作者不僅舉出生活中的點點滴滴，真實地描繪愛的精義，而且引經據典、深入淺出地闡述表達愛並不難；積極地鼓勵人愛之唾手可得。這戲好看、值得看，因為它是那麼地引人共鳴，令人感動。

說實在的，起初一度想偷懶，只從書中找出幾篇精彩之作加以引述推薦，沒想到開卷之後不知不覺地一篇篇讀下去，因為周遭生命的躍動永遠吸引人；何況作者博覽群書，引證古聖先賢的名言事例，更滿足我個人求知若渴的需要。

讀著一句句的箴言，看著一則則的故事，一方面深深地感覺到書中所言的「愛需要學習，需要在生活中不停去實踐」；另一方面提醒著自己，可別像作者引述瑞典格言所說的：「我們老得太快，卻聰明得太遲。」一般地不長進！今日有幸先睹這一頁頁的智慧珠璣，趁自己未衰老之刻，及時學習與身體力行，才不枉人生快樂走一回！與讀者共勉，謹序。

鍾思嘉

・美國奧勒岡大學教育心理博士

・現任國立政治大學心理系教授

・父母親月刊創辦人兼執行顧問

再一次，溫柔你的心

何權峰

走在下過雨的台北街頭，感覺格外陰冷潮濕，眼前所見，是一張張匆忙倉惶的面孔，每一張臉看似不同，然而，相同的卻是同樣的冷漠、無情。望著穿梭的人群，心中突有莫名的失落與茫然。

還記得馬兆駿的一首歌：「我要的不多，不過是一點點溫柔感受——」這首歌不知道盡了多少人胸口的痛處。

曾幾何時，過去的溫暖以及人情味已被現今的冷漠與漠不關心所取代。在寒荒漠漠的現代生活中，人與人就如同夜空中的繁星，看似相近，卻差之千里。就像一首歌所說：「天上的星星，為何像人群一樣擁擠；地上的人們為何又像星星一樣的疏離？」

的確，我們內心看似燦爛，實則孤寂；生活看似富裕，實則匱乏；充滿慾望，確失去希望；想擁有更多，卻吝於付出所有。生命就像一灘死水，慢慢地被現實的陽光蒸發掉！

這讓我觸動了寫作本書的念頭。一如往常，與編輯談過了構想，我決定以情愛、生活、心靈、生命為出發，試著和大家一起把迷失的心，找回來。

是的，把心找回來。

找回「幻滅」的愛情——讓我們成熟地領悟。

找回「失落」的生活——讓我們無私地接受。

找回「蒙塵」的心靈——讓我們盡情地品賞。

找回「迷失」的生命——讓我們溫馨地關懷。

想到生命的終極都屬幻滅，人人皆是紅塵過客，那麼縱使只是萍水相逢，然而今生緣會，畢竟彌足珍貴。且讓我們都在心底互道珍重，為有限的人生詮釋一種屬於自己的溫柔。

就在現在，問一問自己：

對自己溫柔嗎？

多久沒溫柔待人了？

讓我們以真情相對，再一次，溫柔你的心，好嗎？

情感之雲

你知道雲也是有感情的嗎？
形狀是它們的表情
顏色是它們的心情
每當你仰望天空
便有喜、怒、哀、樂！

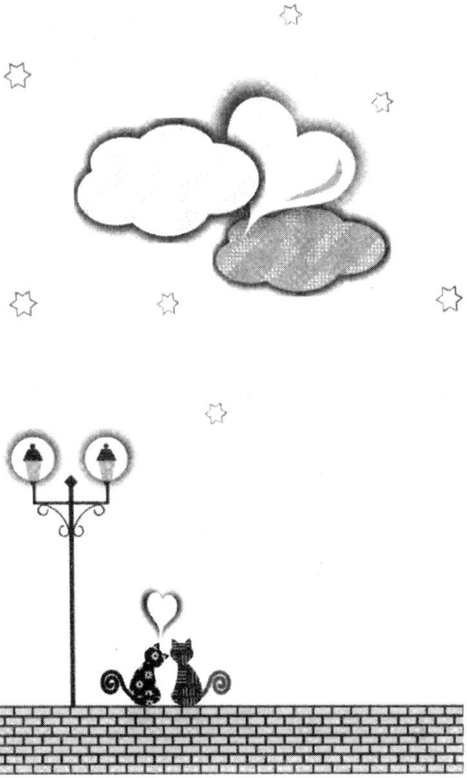

無條件的愛

你愛他，也希望他愛你；如果他竟然不愛你，你就開始恨他。若你是這麼想，那你恐怕還不懂什麼是愛。

很多失戀的人，苦苦糾纏的，只是自己的不甘心。但感情本來就是兩廂情願，如果你把它當成「投資」，當然會覺得血本無歸。只因為我無條件地付出，你就不可以讓我失望，這樣的愛，最是傷人。

受害者常常會把所愛的人當成「商品」，當愛要求回報感恩時，就會被誤認為自我犧牲，如此一來，愛也就在計較和怨恨下痛苦收場。

愛是不求回報的，愛情本身就是報酬。

例如一個做父親的人，早出晚歸，為了家辛苦忙碌，但是他不會覺得沒有意義，因為他愛家裡的每一個人；他把愛當成他生命中的責任，他願意為他們犧牲、奉獻。但是如果他認為太太沒有合他的意，孩子沒有滿足他的期望，他就會覺得生命過得很辛苦，很沒有意義。

因此，我們必須學習無條件地愛人。不能「因為你長得美，所以我才愛你」，或者「因為你考一百分，我才喜歡你」，而要「因為你是太太，無論你長得美醜與否，我都愛你」，「因為你是兒子，考不好固然我不高興，但無損我對你的愛」。前兩者是條件交換的愛，後兩者則是無條件的愛，我們要培養的就是後者。

真愛之道，即在於你「錯」的時候仍然支持你。愛，不是交易，而是一種無條件的支持。

在電影「編織夢境的女孩」裡，有一幕是男主角離棄女主角，跟別的女孩在一起；但女主角並沒有怨恨男主角。在後來一次偶然的機會裡，他們巧遇了，男主角為了沖淡見面的尷尬，順口問到：「有男朋友了嗎？」女主角知道他心底的不安，就淡淡帶點苦澀地回答：「有啊！」其實她並沒有男朋友，這麼做只是想讓對方好過些、心安些。

這種不因被棄而怨恨，反而仍體貼對方感受的表現，即是一種無條件的愛；但是一般人很難做到。

一旦我們能真心真意地喜歡人、關愛人時，我們的心也隨之寬闊起來了。因為我們將不再被過去的偏見所矇蔽，也不再被批判性的眼光所誤導，並且對這世界上所有愛你以及希望你好的人多加珍惜。

愛應先施後得。為了確保別人無條件地愛你，你就不要先在別人身上加諸任何條件。生命的道理也是一樣，在你得到東西前，必先放進一些東西。

不幸的是，許多人總會說：「先給我報酬，然後我就付出。」員工常對老闆說：「給我加薪，我就更賣力。」太太對先生說：「對我客氣一點，我就會給你好臉色。」這就好像站在火爐前，說道：「火爐，請給我多一點溫暖，然後我才給你加點木柴。」是不是很好笑？你不先加木柴，又怎能得到更多的溫暖呢？不先播種，又哪來的收成？

不要害怕付出，如果你真的是心甘情願，便永遠不會付出太多。所謂的「愛」——LOVE，乃是使自己的心成為打開的門：

L：就是聽（Listen）。愛他，就是願意傾聽，要無條件，無偏見地傾聽他（她）的需求。

O：就是寬恕（Overlook）。愛他，就是仁慈地對待，寬恕他（她）的缺點與錯誤，找出他（她）的優點與長處。

V：就是聲音（Voice）。愛他，就是經常表達欣賞和感激，真誠地鼓勵及悅耳的讚美。

E：就是努力（Effort）。愛他，就是不斷地努力，付出更多的時間和愛，建立起愛的巢穴，可以在裡面長生不老。

真愛沒有條件，也不求報償。愛的前提是要讓你所愛的人快樂；至於愛的目的，則是讓自己在愛的感覺裡，成為更好的人。

想擁有，必先完全付出，就能全心擁有。

找回幻滅的情愛

愛是無條件的。愛一附加條件，性質就變了，變成了索求——只是以愛的名義來索求。

愛是無價的。愛一講價，價值就全變了，變成了商品——只是這個商品貼上了愛的標籤。

多欣賞，少挑剔

愛情最矛盾的地方就是，起先你在情人身上所欣賞的特質，到最後常成為你最受不了的地方。下面是一些常見的例子：

- 你喜歡他充滿鬥志、激奮昂揚的個性，後來卻發現自己成了他的出氣筒。
- 你選擇和一個沒有自信的人在一起，因為這樣他才不會離開你。結果卻發現他因為沒自信而經常犯疑心病，醋意大發，使你興起離他而去的念頭。

• 你喜歡他，因為他忠厚老實，沒有壓迫感。後來你開始感到厭倦，覺得跟他生活很無趣，並開始瞧不起他。

• 他口若懸河、敏捷機智，使你為之神魂顛倒。到最後，他卻經常挖苦或對你反唇相譏，讓你憎恨至極。

• 他溫柔體貼、風度翩翩，使你大為傾心。但是過了一段時間之後，你發現他原來是個花花公子、情場浪子，而你卻成了犧牲品。

人生本就是這樣，有得必有失。

為了避免痛苦，我們必須學習用心在伴侶的優點上，看看對方有哪些令你不滿意的地方，事實上是你很欣賞的特質，而這個特質是當初你很欣賞的。你該做的是沙裡撈金，從這些不滿中找出正面的想法，來接納、原諒對方，然後溫柔就會隨之而來！

有一位太太找婚姻專家面談。她劈頭就說：「我要跟我先生離婚！因為他一點都不關心我和這個家……」她滔滔不絕地訴說著先生的不是：他一點都不注意我，我燙了個新髮型他也不知道，更別說讚美我了；他經常不回家吃晚飯，更別提幫我做家事或幫忙照顧孩子了……

婚姻專家溫和地打斷她，並拿出一張白紙，畫了一個圓圈，然後說：「在這個圓圈裡面，妳想到妳先生一個缺點，就點上一個黑點。」

這太太覺得這招太好了，她立刻拿起筆興奮地點著。點呀點的，這位太太點得手都痠了，終於點完了，她把這張滿是黑點的紙交還給專家。

專家拿起這張紙後說：「現在看看這張紙，請問妳看到什麼？」（如圖）

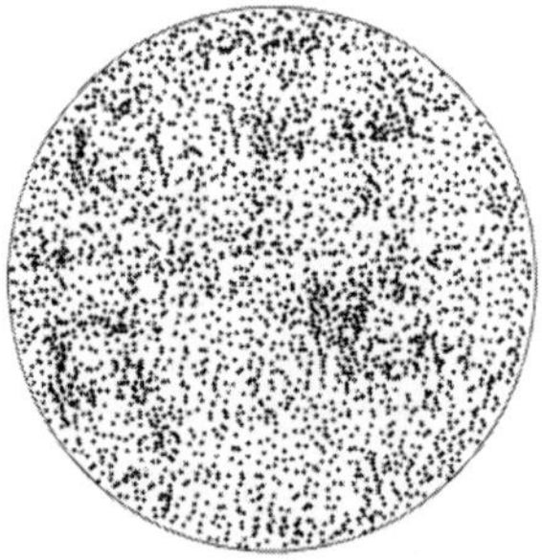

仔細看，在滿佈黑點的圓中，
其實還有許多「純潔無瑕」的空白處！
你是否也只看到別人的缺點，
卻忘了他其實還有很多優點呢！

這位太太想：「難道說『黑點』不對嗎？」於是她仔細看了五分鐘，還是看不出除了黑點之外還有什麼。於是她說：「還是黑點哪！」

婚姻專家笑了一笑，語氣溫和但堅定地說：「再看看，然後告訴我妳看到了什麼。」

這位太太滿心疑惑，她心想：「我連答兩次黑點都不對，難道除了黑點以外，還有別的嗎？」

這回她好好地端詳了好一會兒，然後她說：「除了黑點之外，我好像還看到不少空白的地方……。對了，其實我先生他不是那麼壞的啦！他經常不按時回家吃晚飯，有時也是因為工作太忙，經常要加班；他雖然不常讚美我，可是也很少責罵我；他不常幫我照顧孩子，可是賺的錢分文不少全交給我……」

說著說著，這位太太氣消了，臉上換上柔和的表情。她不好意思地說她不要離婚了，她要趕緊回家燒飯，因為她先生下班的時間快到了。

《聖經》上說：「愛能遮掩許多過錯」。的確，管，管，管不好一個人；罵，也罵不醒一個人，只有愛可以感動人，使人回頭。套句馬丁．路德的話：「神的愛並非去愛值得愛的，而是創造出值得愛的。」

美國第三十任總統柯立芝（Calvin Coolidge）在自傳中描寫他的夫人葛蕾絲（Grace）：「過去這將近四分之一個世紀，她一直在忍受我的優柔寡斷，而我始終欣賞她那優雅的態度。」

如果每對夫妻都像柯立芝夫婦一樣，世界上將會多出很多幸福的佳偶。

仇生仇，愛生愛。多一點欣賞，就少一點挑剔；多一點鼓勵，就少一點批評。請記住，當情況無法改變時，不要浪費精力在不滿意上。

找回幻滅的情愛

當弱點或缺點變成兩人關係中注意的焦點時，沒有人得到好處。別忘了，用蜂蜜比用醋可以抓到更多的蜜蜂。

輕聲細語

雅歌實驗國小老師　顏振寧

平時他說話總是輕聲細語，那一晚不知吃錯什麼藥？回到家跟我說話，就一直沒好氣，好像我做錯什麼似的。我不是木頭人，心裡當然不是滋味！正想找機會跟他反應時，電話鈴響了，他順手接起話筒……

「喂，您好！我是……，噢！好——請說請說……好——」一旁的我忍不住豎耳偷聽。咦！他的聲音，竟然自動恢復了往昔的清脆悅耳，臉上的表情也不似先前嚴肅，簡直判若兩人！就在他放下話筒，轉頭向我交代之際，我先發制人，嬌嗔了起來：「我也要聽你剛才講電話的那種聲音，那比較好聽！」

他臉部表情隨即羞赧，聲音比方才講話更輕柔：「對不起！我今天不應該這樣，不該把情緒帶回家。」沒有紛爭、沒有抱怨，看來，我的隨機應變，巧妙地化解了當晚僵持的氣氛。

拜讀何醫師《心念的種籽》一書時，曾經讀到：「運氣的好壞、生活的好壞，在於你的婚姻關係是好是壞。」我和仁彰相戀十六年、結婚十二年，深深體會到這段話的意涵，煞是耐人尋味，認識我們的朋友，總會對我們夫妻恩愛的程度感到訝異，甚至想要知道，這對老夫老妻為什麼還是甜甜蜜蜜、如膠似漆？其實要當「只羨鴛鴦不羨仙」的神仙眷侶，並不困難。我們的婚姻哲學就只有三句話：

要氣氛不要氣憤：營造溫馨氣氛，而不把氣憤帶回家。尤其是當一方正在氣頭上時，絕對不要隨他的憤怒起舞。一個人失去理智時，另一個必定要保持清醒。

看長處不看短處接納彼此的不同，發現他的長處，不計較短處。最了不得的是能把短處當成是一種幸福，這可是大智慧。我常想：老公不會洗衣服，那是他幸福嘛！娶了一位賢內助，從此告別王老五，不必洗衣服。

能成全但不求全：對另一半的心願，盡量予以配合，但對事情不要求完美；如果彼此都已盡力，就毋需再強求，給大家一個緩衝的空間與時間，讓彼此去調整。

去年，我為了理想負笈他鄉，帶著一對兒女到新竹就學。若不是仁彰對我的愛夠深，何來這種胸襟讓妻兒離開他的生活呢？我衷心感謝他的成全，相信以我們夫妻長久以來的默契，這情愛一路走來，必定會始終如一。

誰說我不浪漫

婚姻關係好比嚼口香糖，開始時芳香可口，日久卻越嚼越像白蠟，可謂食之無味，棄之可惜。

無論結婚前是多麼轟轟烈烈，當步入紅毯後，許多伴侶的愛情便銷聲匿跡，不再浪漫。從前送玫瑰花的錢省起來了，在月下觀星談情的興致也沒有了，大家從此為生活而生活。婚姻變得好空、好空，最後就剩下一個空殼子，完全嗅不出「愛」的氣息。

一位太太就抱怨說：「為什麼婚前婚後差那麼多？」先生回答：「不錯了啦！妳還要什麼？」太太接著說：「我們應該像以前那樣，去散步、看星星。」先生馬上回了一句：「拜託！都老夫老妻了，還花前月下？」

結果夫妻關係就從相敬如賓——如冰——如兵——變成如殯，難怪大家會說「婚姻是愛情的墳墓」。

其實，愛應該是不斷創新、不斷用心的，不能因結婚而停止；否則婚禮的鐘聲豈不成了喪鐘了嗎？

因此，我們不單是「願天下有情人終成眷屬」，更要「願天下眷屬都是有情人」。這裡有些辦法，只要「有情人」肯花些心思，浪漫的婚姻生活並沒有你想的那麼難。

下面提出幾項建議供大家參考：

一、送小禮物

贈禮示愛是最古老的儀式之一，也是值得培養的好習慣。

幾天前，我正埋頭寫作，太太走過來對我說：「我有份禮物送你。」我笑答：「我喜歡收到禮物。」抬頭一看，竟是我在後院栽的紅辣椒！這顆進口南瓜狀的紅辣椒原本種在陽台盆中即將枯死，沒想到把它種在後院竟能起死回生，而且還結出別緻的果實，真令人驚喜。

還有一次，她聽到我喜歡某一種筆而買不到時，她就開始去搜尋；幾天後，這支筆已在我桌上了。像這樣的小小禮物，總讓我傾心不已。

經常送份愛的禮物給伴侶，不論是一朵紫羅蘭、一本書或一條領帶，每個人都喜歡收到意想不到的禮物；如再附上精緻的卡片或短箋，定能從中獲得雙倍的喜悅。

二、表達自己

要經常把你的想法和需要告訴對方。

有位老太太一天突然對老先生說：「我要離婚。」

老夫：「我有什麼地方虧待妳嗎？」

老妻：「這輩子我不曾聽你說過你愛我。」

老夫：「婚禮上我不是說過了嗎？在我宣佈撤銷那句話之前，它一直有效的！」

我常問朋友說：「如果今天你在回家途中遇到不測而即將喪命的話，你會想打電話給伴侶嗎？」通常得到的答案都是：「哦！當然會，我會打電話給我太太向她道歉，因為今天早上我們吵過架。」「我想打給我先生，告訴他『我愛你』、『我有好多話想告訴你！』」。那麼，為什麼一定要等到「永別」時才說呢？

其次，要經常把你的需要告訴另一半。你想要鮮花嗎？那就直接告訴對方；你想要一條項鍊作為生日禮物嗎？那就讓另一半知道。記住，沉默並非永遠是金。

三、經常讚美

我們喜歡受讚許，正如同植物向陽生長一般。夫妻之間要學會稱讚對方，由稱讚所帶出來的鼓勵，力量十分驚人。

在稱讚之前，還須學會「觀察」。若做丈夫的從不注意太太，覺得她永遠是一個樣子，那可能就無法注意到太太今天換了一個髮型，而失去一次稱讚的機會；又比如先生提早回家，還幫忙家事，而太太只顧晚餐和孩子，往往就忽略了先生的改變。

對於已經習於互相挑剔的夫妻，更要多練習，每天找出三項具體的事情來讚美對方。

四、安排約會

安排渡假或是羅曼蒂克的燭光晚餐，兩人共同回憶美好的事物。提醒自己：我正在招待一個自己深愛且想取悅的人！

如果你想有一個別出心裁的約會，心理學家彼得・法蘭高建議，在約會前兩人各寫下十樣想做的事，然後，兩人各從對方的紙條上選一樣最少做的事來做。

有人說：「男人婚前像動物（會獻殷勤），婚後像植物（需要澆水），之後變成礦物（動也不動）；女人婚前像桃子（引人垂涎），婚後像鴨子

（聒噪得很），後來變成李子（酸溜溜的）！」

愛永遠不變是不可能的，只有與時而變的愛才能長久。因此，勿讓經驗習慣使你的心腸變硬，而應利用經驗使你變得更細心、更貼心。

找回幻滅的情愛

為你，我會變心——愈變愈有心，愈變愈用心。

誰說我不浪漫

每個人都喜歡收到意想不到的小禮物。
經常送份愛的禮物給伴侶，
如果再附上精緻的卡片或短箋，
定能從中獲得雙倍的喜悅。

女人需要學習愛自己

一般人對婚姻的看法是：

如果我們要維持婚姻的美滿，那麼必須放棄自己的需要，去滿足對方，尤其是女性尤然。盡量犧牲自己，做個賢妻，那麼妳的另一半會感激妳的犧牲，而愛妳一輩子。

是嗎？可是我看過太多的婚姻，太太一輩子毫無怨尤地為先生、為孩子犧牲自己的事業及青春，到頭來，先生卻不見得會愛她一輩子。

我說這段話主要是提醒女性，在兩性情愛的關係中，一再改變自己討好對方，往往註定要失敗。男人之所以愛妳，是愛原來的妳，但妳卻不計一切退讓自己、犧牲自己，開始讓自己變的無能、無力，失去自我的女人，處處去遷就他。當妳把自己矮化成為他的附庸時，他便予取予求，這也是產生怨恨與摩擦的原因。

道理很簡單，當你不斷犧牲付出，就會不自覺地把期望放在另一半身上，希望對方多在意自己一點、多愛自己一點；如果對方做不到，就會累積不滿和委屈的情緒。而這時對方卻仍認為「我們的婚姻關係不是很好嗎？為什麼妳會莫名其妙地不滿意起來呢？真是胡鬧！」這種情緒上的忽略，往往讓妳更加委屈，對婚姻更加失望，甚至怨自己怎麼那麼傻，後悔自己嫁錯人了。這時「賢妻」遂變成了「嫌妻」。

賢妻是不管用的。如果妳總是把別人伺候成大老爺，自己就淪為奴隸了，這豈不成了大傻瓜？

事實上，你自己可能都沒有意識到，當妳不斷地犧牲自己的時候，背後所隱藏的正是一種「依賴別人而活」的心理。換句話說，你是在「求人」，你把你自己交給了別人，讓別人來操縱你。

「求人」會讓你為了想討好別人而扭曲自己；為了迎合別人，委曲求全。「求人」讓你感到不自在與矮人半截，甚至，當你的「要求」被拒絕的時候，你會變得忿怒、挫折、失望、沮喪，甚至覺得備受屈辱。

想要活得快樂有尊嚴，就要學習「不求人」，並開始反過頭來「求自己」。怎麼「求自己」呢？很簡單，就從「愛自己」開始做起。

記得電影「油炸綠蕃茄」中凱西·貝茲的話嗎？她說：「總有一個人要為你的快樂與否負責，那個人就是『你』！」

因此，女人需要學習如何「愛自己」。

「先生應酬、加班，尚未回家，該吃就趁熱吃；該睡的時候，就去睡吧！」

「男人應酬聚會，你也可以去學一些才藝，參加社團，豐富生活，擴展視野！」

癡癡地等待，深深地期許，只會勞心傷神！女性應有一種自覺——先養足自己的體力與精神，才能展現特有的魅力。

女人需要經常提醒自己——不要浪費你的能量去等待或期待男人，要用能量去開拓自己的潛能。

一位離過婚的王太太察覺到，自己在感情上不如意，就是因為對別人一直有很大的「期待」，總是認為別人「應該」如何對待她；而當對方不是那樣的時候，她就覺得失落、失望，甚至絕望。

王太太費了很大的功夫才終於弄懂，原來，自己一直在「求人」，而且，她以為那些東西遲早會「求」到，總有一天會自動從天上掉下來。其實，她是大錯特錯。

她決定開始練習「不求」人，開始把關注點放在自己身上。她說：「我要多愛自己一點，多給自己一點。」她悟出一件很重要的事：「畢竟，我的生命不應該寄託在別人身上，而該靠自己來成全。」

「愛自己」是一種終生羅曼史的開始，愛上別人，一定會有痛苦；但是，更愛自己，卻是解除痛苦的良藥。從現在開始，對自己慷慨仁慈一點，為自己寫一本獨家的「疼惜自我療方」吧！當你學會愛自己愛得滿盈時，你就可以心懷喜悅地付出。

找回幻滅的情愛

讓別人來決定自己快樂與否的人，是貧窮的人。

終生的美麗情事

聯合報專欄作家　林國香

根據全國生命線近年來的統計：婚姻及男女感情仍是求助問題的前三名，足見兩性相處時時面臨考驗，卻不得其門而入。

異性相吸，在於他們迥然不同的特質：卻也因天性不同，導致種種的歧見與不合。化解之道在於彼此能否反求諸己，並讓對方感受、確定你的愛。

有回拖地板，小女兒摔了一跤，我扶起她並向她道歉：「對不起，是媽媽把地板弄了太溼了。」她搖搖頭：「是我自己不小心的。」四歲半孩子的自省有如一道暖流，人與人之間避開風雨飄搖，其實沒那麼困難。反省，貴在自知；認錯，需要勇氣，絕不代表弱者、失敗的一方，更不會減輕你在配偶（情侶）心目中的價值。

一對老夫妻，老夫一生木訥，重病纏身，對隨侍在側的老妻依舊冷淡，直至彌留之際，輕喚妻子解下髮髻，以微顫的手輕撫稀疏的白髮：「我一直懷念妳披長髮的模樣……」即將離開人間，令老人最依戀不捨的竟是老妻年少的影像！愕然的老太太老淚縱橫怨道：「你怎麼到現在才說啊！我一直以為……」

乍聞老夫妻的遺憾情事，我鼻酸不已！幾度泫然欲泣，不斷提醒身邊親友勿重蹈覆轍。愛，要無所保留、無所矜持，配偶感受你深摯的愛，也必將全心的愛付出迎向你。人生幾何？愛，要即時說出口，表達出來啊！

要經幾輩子的飄泊、尋覓，才得在今生相遇、相知、相守？怎有多餘時間互相冷戰、折磨？你曾問過自己是否豐富了配偶的生命嗎？兩性相處，是要終生學習的美麗情事！

當愛變成負荷

大部份破壞愛情或友情的原因，並非對方犯下什麼天大的錯誤，而是對對方產生過度的期望。

怎麼說呢？大部份人對於愛人或友人都有著太多的期望，希望他們能依照自己的想法行事，有些甚至以超過父母的威嚴要求對方。也就是說，人們有著很強的佔有慾與支配慾，在不自覺之中，想擁有對方，還想控制與改變對方。

仔細看看下面的話，你是不是非常熟悉呢？

‧你是否經常告訴對方他們必須這樣做，而不能那樣做呢？或者告訴對方，他們應該做這個，不應該做那個呢？

‧你是否經常用命令的口氣，叫別人「去做這個！」、「回答我！」、「拿來！」、「不可以！」……，你是否也常以伴侶或朋友的父母角色自居？

‧你是否覺得對方常犯一些明知道你最討厭的事，於是你不禁怒火中燒呢？

大數人都有期望，期盼事情如何演變，期盼他人如何表現。於是，你一直努力地要「改變」對方，不停地嘮叨、叮嚀，不斷地挑剔、指責，恨不得與對方同變成一個豆莢裡的兩顆豆子，做的跟你想的一模一樣。

當對方試圖抗拒、大聲反駁時，你便充滿委屈或老羞成怒地說：「我還不是為了你好，我是招誰惹誰啊！」

結果，在緊繃的要求中，弄得兩敗俱傷，那始作俑者更自覺滿腔關愛不被接受，而心碎欲絕。

記得有部西洋電影「意外的旅客」，其中有段精采的對話。電影中的男主角對他的妻子說：「我相信你愛我，妳也正用著妳的方式來愛我；但事實上對我來說，這是個很重的負荷。」

許多人在面臨「做得正確」與「過得幸福」的抉擇時，往往選擇前者。因為他們只容許對方和自己這麼做，結果把日子弄得像《聖經》中的啟示錄一樣的困難，生活悲慘之至。

你知道嗎？許多分手的情侶或離婚的夫妻，往往只為了一件芝麻小事，就鬧得死去活來。

「我要分手，因為他老是忘了我的生日，太過份了！」女友抱怨。

天啊！真的有那麼嚴重嗎？

補雙份禮物不就好了，皆大歡喜！「生日」快樂，真的有比「天天」快樂重要嗎？

「他老是東西亂放，又不收拾，我又不是他的佣人！」太太抱怨。

你當然不是他的佣人！你不願意收拾，就隨它去好了；下回等他找不到東西時，自然就會學乖了。

「但是鄰居來看到一團亂怎麼辦？」太太說。

那有什麼關係，總比妳經常抱怨，吵得讓所有鄰居都知道好吧！

為什麼我們可以原諒我們的家人、原諒他們忘記了我們的生日、原諒他們沒把東西擺好、原諒他們沒有時間陪我們談天說地、原諒他們不小心惹我們傷心生氣，卻偏偏對將和我們情繫半生、渡過無數生命憂歡的唯一伴侶處處斤斤記較？

計較他的粗心大意？計較他的賴散？計較他把事情擺在我們之前？甚至計較他不是完人，總是犯錯？

世上沒有一條通往愛情的永恆道路，除非你能真正付出溫柔並心意相投。愛，需要不斷地支持和付出。能愛是一種福氣，懂得愛則是一種智慧。

詩人紀伯倫曾經寫過一首美麗的詩句——

同歌，同舞也同樂，
但是，讓我們都保有自我，
像那共奏的音符一般，
即使合作成美妙的音樂，
它們卻保有各自的音符。

找回幻滅的情愛

「愛」字拆開是「心」「受」，因此所有的愛，就是「用心」去「接受」、去「感受」。

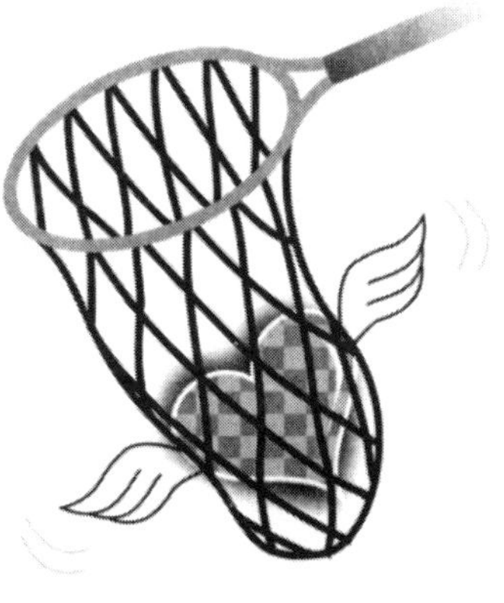

當愛變成負荷

有部份人對於愛人或友人都有著太多的期望，
希望他們能依照自己的想法行事，有著很強的佔有慾與支配慾，
在不自覺之中，想擁有對方。
但是這樣的「愛」，對「被愛」的人來說，卻是一種極大的束縛。

真愛不怕受傷害

為了要掩飾對她的好感，政華緊張得手足無措，甚至臉部抽搐。他故意清清喉嚨……

「芝蘭……？」他開了腔。

「什麼事嗎？」芝蘭看著他的眼睛。

突然，政華一陣惶恐，聲帶似乎卡住。她會同意嗎？不，她可能會拒絕。或者，她會回答說要考慮一下，然後冷冷拒絕。此時，政華仍無法啟口，告訴芝蘭他對她的愛慕，並希望與她成為戀人。他覺得全身戰慄，可能嗎？她絕對不會同意！何況，自己一個人不是更自由嗎？想做什麼就做什麼……

當晚，在他回家的路上，政華非常懊惱，為什麼錯過這個好機會……

大家都很清楚，政華喜歡那個女孩，卻不敢表白，他害怕被拒以致靦腆退縮。其實，我們很多人也常因疑懼而不願冒險去表達愛，因為當你將自己毫無掩飾地呈現在別人面前時，常常會受到別人的排拒，同時也會受到傷害。所以一般人不願意去表達愛，寧願過著封閉自己的生活，也不願把自己赤裸裸地呈現在別人面前。

這些人，可能童年生活不太幸福；也可能長大後在感情上遭到拒絕或傷害。總之，影響所及，使他們處處小心，尤其不敢輕易再於感情上冒險。

曾經失戀的人最容易有這種態度出現。他們常問：「我和他交往會不會有結果？如果不會有結果，那就不要交往算了，否則到時一場空，不是更加難受嗎？」

過去的傷痛的確會在我們身上留下傷痕，使我們再面臨類似情況時，不免心生畏懼。但是反過來說，如果我們不賦予自己再出發、再嘗試的勇氣，誰知道下一次是否會是成功的經驗呢？

不管你目前正在尋找新的伴侶，或是正打算和某人分開，下面的敘述如果就是你現在的感覺，那麼你就是正受苦於「我怕再受到傷害」的情結中：

- 我怕他會拋棄我。
- 我怕和我父母親一樣，婚姻不幸福。
- 我付出太多，得到的回報卻不成比例。
- 我總是盲目地愛上某個人。
- 當我們彼此認真起來以後，我就開始擔心了。

為了讓自己不再遭到更大的失望和打擊，他們常在感情關係裡只拿自己想要的，卻不願多給。這正是我們一位朋友小武的寫照——

小武與女友認識兩年了，但每當論及婚嫁時，他總是進退維谷，不知所措。他對結婚有種恐懼，為什麼？因為他的前任女友對他不忠。小武說：「我很害怕再次受傷害。」

我學著心理醫生的口吻問他，「你是否也害怕和女友談情說愛？」

「不會。」他遲疑地說。

我繼續問：「你是否也害怕和她一起享受歡樂？」

「不會。」他再回答。

「小武，你是否也害怕要求她只與你一個人約會和親密？」

「不。」他再度否認。

「小武，」我繼續關切地問：「你也害怕享有她的陪伴及她相處的感覺嗎？」

他搖著頭說。

我下結論：「所以，你害怕的是『給』，而不是『拿』。」

小武因為太過保護自己，以致沒察覺到自己變得多麼自私自利。他甚至沒讓女友了解，他之所以不願許諾，是因為害怕再度受傷或失望，他只顧著拿、拿、拿。

許多人不願意在感情上承諾，甚至逃避婚姻，因為他曾受過傷，認為只要沒有婚姻約束，隨時可以準備逃脫。這種如意算盤不可避免地導致恐懼，結果是遇到困難就以分手為解決靈藥，使關係越來越不可挽回。

有句格言說的好：「愛過而後失，比從未得到愛來得好。」不要害怕去愛，因為若是成功了，不但可以得到幸福；即使失敗了，也可以得到智慧。

親愛的朋友，勇敢去表現你的愛意吧！沒有任何一個健康的人，會討厭自己成為別人喜歡的對象。喜歡他，是對他的讚美，如果他夠成熟，了解你的心意之後，將會感謝你；如果他反應冷漠，只說明了他的驕傲與不成熟。

而對這種既不能成為朋友也不能當戀人的人，你又有什麼好遺憾呢？

找回幻滅的情愛

能愛並贏得愛是最好的事，相愛卻失去愛則是次好的事。別忘了，結疤與痊癒的筋骨，比原來的更強韌唷！

真愛不怕受傷害

過去的傷痛的確會在我們身上留下傷痕，
使我們再面臨類似情況時，不免心生畏懼。
但是若我們不賦予自己再出發、再嘗試的勇氣，
誰知道下一次是否會是成功的經驗呢？

相愛不依賴

在急診室，許多因感情受挫自殺的患者，在獲救後，最常聽到他們說的一句話是：「我不想活了，沒有了我的丈夫（妻子、男朋友、女朋友），活著還有什麼意思！我太愛他（她）了！」每當我建議他們想開點，他們便異口同聲：「不！我太傷心了，我那麼愛他（她），這麼用心，他（她）怎麼可以……」

我不得不告訴他們：「你剛才描述的情形，不是愛，而是依賴。如果你必須靠別人才能生存，你就是寄生在那個人身上。你們的感情之中沒有自由，你們在一起是因為需求而不是愛。愛是一種自由的抉擇。相愛的人不一定要生活在一起，他們只是選擇生活在一起罷了。」

如果連自由與獨立都幾乎不存在，這些口口聲聲的「愛」，其實不過是「依賴」。

有時候，弱者是最強而有力的操縱者與控制者。他們已學會如何利用罪惡感與憐憫來支配別人。當他們害怕「堅強」時，即會利用「軟弱」來控制人。最常見的方法，即是一哭、二鬧、三上吊；使人感到愧疚，因而聽命於他的使喚。

典型「受害者」經常說出或做出這樣的表示，來引起對方的內疚，如：「看你居然這樣對我！」或：「你要照我的意思做，否則我就會哭（鬧、去死）……！」或：「我為你付出一切，卻什麼也沒得到！」許多人只要祭出受害者的悲情身份，彷彿就躲進了庇身的樂園，不但可以豁免責任，還能依賴他人。他們從來沒想過，其實縱使他的感情受了傷，未必就表示別人有錯。

愛不是依賴。

在我們生活中，需要別人是人之常情，是很健康也很自然的事，這正是人們的腹部為何留下肚臍眼的原因。它的存在就是要提醒我們，我們曾經附著在另外一個人身上，深深依賴著她。

可是，愛和依賴不是同義字，甚至幾乎可以說是相反詞。依賴是人生的一副拐杖，當你腿部受傷時，枴杖可以幫你站起來，並開始走路，而當你醫治好受傷的腿，能夠正常走路時，拐杖便成了你的負擔。因為拐杖畢竟只是拐杖，它不是你生命的組成，拐杖只能為你解決一時的問題，不可長期依賴它；否則，你將永遠是一個殘疾人。就像我們必須割斷臍帶一樣，否則又如何長大成人？許多人之所以太過依賴，是因為在童年時期，父母未能給予足夠的愛、關注以及情緒上的安全感，使他們內心深處產生一種「我擁有的還不夠」的感覺。這樣的人心裡有個無底洞，永遠填不滿，永遠沒有滿足感。所以他們迫切地追求愛，而且會不擇手段地保有和操縱一切人際關係，結果反而摧毀了愛的可能性。

終極而言，太多的依賴可能扼殺愛；太多的要求可能迫使人們轉身離去；太多的需求使愛苗窒息。我常告訴自殺獲救的人們：「把愛當作目標是不可能成功的。要別人愛你只有一個方法，就是做一個值得愛的人。如果你的人生只是消極的被愛，你就不可能成為一個值得愛的人。」

記住，惟有兩個堅強而獨立的個人，才能建立美滿的兩性關係。

找回幻滅的情愛

如果你希望被愛，那就做一個值得愛的人。

愛過，不爲難

沒有你，天啊！天啊！
我的生命賤於泥土！
我一如殘骸，
一無所有，
苦啊苦，
沒有了你。

你是否也從這首詩裡看出一些很熟悉的訊息？「你是我的一切！」、

「沒有你我就活不下去！」

最近，有關男女感情糾紛的新聞特別多，一對是在一起七年的男女，卻因為吵架，男的自焚，同時波及女方；另一對年輕情侶，女的提出分手，男的苦苦哀求，女方不為所動。不久，他約女友見面做最後談判，又被拒絕時，他抽出準備好的刀子殺害了戀人。

愛情是美麗？還是恐懼？是否我們一旦付出了情感，我們得到的結果就一定要非正即負？不是長相廝守，就是同歸於盡？為什麼不能好聚好散？這是個讓人遺憾的問題。

是愛超過了極限，走到反面變成恨？還是愛火太猛，以致燒烤變形成為恨？

「恨」是「愛」的反面，愛有多深，恨就有多深。這就是說，愛只是一種佔有慾，戀人只是一種物品，當我得不到的時候，別人也別想到手，所以毀了吧！既然不能一起過「情人節」，乾脆就一起過「清明節」算了，大家都扯平！代價則是一個早夭的青春。

恨是容易的，但愛才是健康的。

愛的真諦，在於它甘願為另一顆心而燃燒；恨的意義，則在於它為點不著另一顆心而自燃。恨不是愛的變形，而是變了形的愛；恨的根不紮於愛上，只是借用愛的面具。

感情橫豎就是個「愛」字，分手不是「孰是孰非」的問題，只是彼此不再適合成為親密的朋友。你可以宿命地說彼此緣份太淺，可是如果沒有經過不合適的，又怎麼知道什麼是合適的？」一切隨緣吧！抓不住的東西，硬是強求就不能完美，何況是人與人之間的感情呢？

相愛不如相配。所以，愛錯了沒關係，只要不要錯到底，只要記得下次愛對了就可以。

分手，只是結局，不是悲劇。當愛已消逝，最好讓它成往事，但不必不堪回首。「失去」雖令人痛苦傷心，但也應欣喜自己又是「活會」了，雖然走了一個人，卻得到更多選擇的機會。當你手中捉住一件東西不放時，你只能擁有這件東西；如果肯放手，你就有機會選擇別的。

失去有時是另一種獲得。專欄作家薇薇夫人就提醒大家：「不要只看到傷心痛苦的一面，分手也有積極正向的一面；否則，待深交或婚後再發現不合適，痛苦的代價必定遠大於現在。」很遺憾，許多人因無法面對生命中的難題，往往用「死」來解決「生」的痛苦，卻不知「得未必得，失未必失」的人生哲學。

別離是相逢的開始，沒有別離，哪來的相逢。失戀是戀愛的開始，結合是分離的前奏。「再見」也可以是另一個「嗨」！

就把戀愛當作是一場夢吧！一場美麗的夢；但現在你醒來了。而春夢了無痕啊！像是雁渡寒潭，雁去而潭不留影。一旦從夢中醒來，又何必在乎夢中的人呢？

席慕蓉的詩作：〈無怨的青春〉

不管你們相愛的時間有多長或多短，
若你們始終溫柔地相待，那麼，
所有的時刻都將是一種無瑕的美麗。
若不得不分離，也要好好地說聲再見，
也要在心裡存著感謝，
感謝他給了你一份記憶。
長大了以後，你才會知道，
在驀然回首的剎那，
沒有怨恨的青春才會了無遺憾，
如山崗上那輪靜靜的滿月。

一個失戀的人，如果能夠保有一顆溫柔的心，感激他或她曾經陪自己走過一段生命的軌跡，即使只是插曲，至少，你曾經擁有，也曾經付出。有愛就好，只要愛過，你就曾幸福過。就讓我以作家席慕蓉的這首詩〈無怨的青春〉為戀情劃下最完美的句點吧！

找回幻滅的情愛

愛情沒有對錯，它的本質是瘋狂。聰明的人在其中成長，愚蠢的人則在其中墮落。愛與恨在生活中交織釀成芳醇的生命之酒。

讓愛自由

愛不是佔有，也不是財產，而是放下操控的心，
由衷地信任對方，讓它去快意飛翔。
當你知道「愛」是時時刻刻的關心和憂愁時，
又怎麼忍心彼此折磨呢？

讓愛自由

婚姻維持的時間久，並不代表就是成功的婚姻。許多人維持婚姻，只是出於對未知的懼怕，或因為懶得改變現狀，過一天算一天。這是非常遺憾的事。

結婚只是一個形式，兩人終身在一起生活，必須努力的過程非常長遠，一切要尊重對方，處處為對方設想，而不是去支配他。我很喜歡韋恩・代爾（Wayne Dyer）對愛的定義，他說：「讓所關愛的人可以選擇自己所想所愛，而不堅持對方一定要迎合你。」簡言之，就是不要試圖操縱你的另一半。

愛不是佔有，也不是財產，而是讓對方做他自己。許多人以為戴在手上的婚戒就如同穿在鼻上的鼻環一樣，可以控制對方，老是管東管西。「你照我的意思做，否則我就……」、「因為我愛你，所以你必須完全屬於我所有！」這都是「佔有」的心理作祟。要知道，伴侶需要的不是婆婆或媽媽，而是朋友與情人。

糖太多的飲料讓人難以入口，愛太多的照料同樣也教人難以忍受。愛一想佔有，就會生出恨。

有太多的人沒能在他們的親密關係中得到什麼，原因之一就是：對方要的太多了！控制慾使人的距離變得疏遠，你越是霸道，對方就越會遠離。受傷動物的第一個反應，就是「逃」。

世間情愛之所以可貴，或許是在於專一執著的感情；但愛情之所以磨人心碎，也正是在這份沒有任何轉圜餘地的專情！

愛情，可以是通往幸福的捷徑，也可能是把兩人困於一點上的釘子，使彼此動彈不得。是福是禍，也只有靠你的智慧去取捨與選擇了。

要火燒得興旺，有一個簡單的訣竅：把兩塊放在一起的木頭，靠近到可以互相感到溫暖的距離。但是，必須保留一小道可供呼吸的空間。婚姻的道理也是一樣，給對方自由，也是給自己自由，唯有自在舒坦的夫妻關係，才是維繫婚姻的竅門。

愛，是一個人能夠像珍視自己一樣，珍視所愛的人成長，為他自己、以他自己的方式生活，而不是將對方改造成你心中的版本。如果你試圖控制他，他就變成無法活在自己生命中的人——就像蝴蝶落在捕捉者的手中，最後即成為畫框中的標本。

別讓愛變成彼此的傷害，也別把感情的空間看得那麼狹隘。當你知道「愛」是時刻懷著關心和憂愁時，又怎麼忍心彼此折磨呢？

有一句老話說，愛必須先放開手；等到它又回頭時，你才懂得真正的愛。就像太陽的光芒，你不一定要擁有太陽，也可以享受到煦煦的暖陽，不是嗎？

范傳硯有一首小詩——〈放假〉

放他一個假
讓他做一個不大不小
沒有你在裡面的白日夢
放自己一個假
讓自己飛到一個不近不遠
沒有他的視線
卻有他的思念的地方

讓愛自由吧！親愛的，真正的愛是放下操控的心，由衷地信任對方，讓他（她）去快意飛翔，唯有如此，才能真正解開彼此纏縛的翅膀！

找回幻滅的情愛

兩性相處之道，不在抹掉或改造對方的風格，而是成全雙方的真實自我。

生活之風

東風的想法
在紅花綠葉之間口耳相傳
偃倒的草猶如嬉戲的裙襬
抖落一身冬日的陰霾
一種全新的生活即將破繭

放慢腳步，品味生活

忙碌是現代人共通的生活模式。因為忙碌，孩子享受不到親情的關愛；夫妻無法獲得溫馨浪漫的生活滋潤；老年人得不到體貼的妥善照顧，而親朋好友漸行漸遠……

人一忙，許多問題便隨之而來。例如夫妻倆難得一起到餐廳吃飯，這原本是件很愉快的事，太太說：「等一會，我去打扮一下。」先生卻不停地催促：「快一點，等一會路上就塞車了，化個粧這麼慢！」因此，兩個人的情緒都受到了影響。

你是否也有相同的經驗：你恨不得咖啡馬上煮好；你心急如焚，因為車子已經遲到半個小時了；你急著要提款，前面卻還排著一大條長龍；你拿著遙控器不斷換頻道，急著要選擇想看的節目……

我認識一個朋友，有時他才剛開始刷牙，一會兒又離開浴室去挑上班要穿的衣服，而嘴裡還滿是泡沫，接著，他又忙不迭地投入下一個工作，整理桌上的資料。無庸說，他常常都是忙得暈頭轉向。這就像你想讓水燒開，卻又迫不及待地想知道水燒開了沒，而不停地去掀壺蓋，如此反而妨礙了加熱，必然就更難煮沸了。

你的日子是否變成一連串「急汲忙盲」的事，而讓它牽著你的鼻子走？「第一天，糟糕，快趕不上了。第二天，討厭，又來了！第三天，連絡聚會，安排節目。第四天，好煩。第五天，打呵欠。多謝老天，終於禮拜五了。第五天晚上酩酊大醉。第六天，唉唷，我的頭。第七天，家務和採購，真累！」你的一星期也是這麼過的嗎？

我們為期望所壓，經常匆匆忙忙從一個緊要關頭到另一個緊要關頭，努力填塞生命中的每一個時刻。我們以致命的高速在美麗的鄉間道路上衝刺，如此的緊張焦慮，以致沒有心情觀望周遭的風景，也沒有在恒常的匆忙中得到什麼。

現在，我們活得比以前更久了，但對多數人而言，大部份的日子都是匆匆而過，最後厭煩以終。西塞羅（Cicero）曾說：「要活得長一點，必須活的慢一點。」「忙」這個字，是「心」和「亡」兩個字組成的，也就是說，我們忙得像無頭蒼蠅的時候，內心往往跟著死去。因此，給自己片刻或短暫的緩刑吧！沒有任何人是絕對不可缺少的。

假如你在墓地上漫步，你將被一些人所圍繞。這些人活著時也常認為，這個世界是靠著他們忙東忙西而維持的；而今呢？你偶爾說「不」，並不會停止這個地球的轉動。

你我都了解二個月前煩惱的事，對現在而言，似乎不再那麼重要了；我們也知道有更多的事即將發生。當人們進入天堂而回頭看地球時，最常問的問題將是：「當我在地球時，為何凡事都放不開呢？」

放慢腳步，停止妄念的追逐吧！一個厭惡自己影子和腳印的人，越跑則影子越纏身、腳印也愈多，痛苦也就愈強烈。在這個時候，真正聰明的人就懂得停下腳步，在樹蔭下休息。

撥出完整的五分鐘，不要受到任何的打擾。就像電視的「關機時間」，把所有雜訊的畫面切除，舒舒服服地坐下來，閉上眼睛，讓自己全身放鬆。這段「心靈假期」，你什麼事都不用去想。如果你張開眼睛，注視手錶，發現五分鐘還沒過，請再閉上眼睛，直到時間到為止。

你可以嘗試類似釣魚、放風箏等嗜好，那是需要靜靜坐上一段時間而沒有干擾的。這是放鬆精神的極好方法。不然就是安閒地坐在附近的學校、公園或咖啡館，注視並觀看經過的路人，可以讓我們享受獨處且感受不同的視野。

你也可以到鄉間田野中躺下，看著白雲出岫，凝望遠山疊翠，或是漫步在落日的餘光中。走累了就歇歇腳，讓自己在繁忙擾攘的生活中獲得片刻的寧靜。

為什麼你總是這樣匆忙？你知道每天都經過的那條街道旁是楓樹？白千層？還是木棉花？前方到底有什麼東西值得你總是忽略了身旁的風采？你不覺得，你已經為了虛無的未知而典當了當下了嗎？

停下來，慢慢走，好好想想這個問題吧。

找回失落的生活

忙忙碌碌易「短路」，

何不停下腳步，散散步！

放慢腳步，品味生活

我們為期望所壓，經常匆匆忙忙從一個緊要關頭到
另一個緊要關頭，努力填塞生命中的每個時刻。
如此的緊張焦慮，以致沒有心情觀望周遭的風景，
也沒有在平常的匆忙中得到什麼。

吵架的藝術

現在，人可以繞地球一周，征服太空、登陸月球，可是卻沒有人設計出一個方法，可以使兩人和平共處七天七夜。

夫妻由於長期相處，難免有意見相左的時候；要是彼此之間都懂得「爭吵藝術」，我想婚姻關係一定能大為改善。

「為何而吵」，遠沒有「如何吵」來的重要。譬如有些夫妻慣常使用責備的語氣，像喝了「仙人掌」汁似的，講話都帶刺；或是得理不饒人，自以為理直氣壯，卻不知這一「壯」，就把對方給「撞」倒了。

很多夫妻都不懂得如何將自己的感受好好表達出來，只曉得用「吵」

的，以為只有靠「吵」，才能讓對方就範。殊不知，當人覺得被攻擊時，很難聽進對方的抱怨。這也就是為什麼有時候，即使你已抱怨某件事好多年或上萬次了，另一個人卻依然故我。

舉例來說，假設每隔幾個月，做太太的就會對丈夫老是把家裡弄得亂七八糟而心煩，然後對他發脾氣。結果令人氣結的是，過不了多久丈夫又什麼都忘記了！他只記得太太吼他而已！

由於太太一再失敗，甚至就算多說幾次，也沒有反應。因此她們認為，音量比內容重要，結果聲音也就一次比一次更大。

艾默生曾幽默地說：「你在我耳朵中叫囂什麼，我都聽不見。」

很多研究都顯示，當男人覺得自己是被對方強迫要改變什麼時，聽力就會變差。男人通常一感覺自己受到攻擊，馬上只會堅持己見，不想再聽對方講下去。不管對方現在有多痛苦，他只會覺得對方所講的話，句句都是指責和命令，因此只好來個充耳不聞。他們不會想到這種態度反而更容易增加爭吵失控的危機。

大多數的男人並不成熟，他們只是長得高而已；尤其一遇到感情的壓力，往往潰不成軍。所以女人要表達一件事時，必須考慮到男人先天的不足，講的時候盡可能溫柔委婉，不要一開口就引起對方有被妳挑毛病的反感。尤其不要左一句、右一句：「都是你的錯！」這樣一來，鐵定溝通就此中斷。

當然，一個人吵架是絕對吵不起來的，想要不吵，只需要一方沒這個意思，這架也就吵不起來。所以，要養成隨時反問自己這句話的習慣：「到底這有什麼值得吵的？」

婚姻沒有你贏或我贏，只有雙贏或雙輸。因此，值不值得吵？吵得有沒有建設性？就非常重要。

「好的吵架」，雙方會輪流說話，且盡量不打岔。讓彼此知道，雖然雙方看法不同，卻了解對方的想法，進而體諒、原諒。在「壞的吵架」中，雙方彼此對罵，互相攻擊，且不斷重提舊事。在「好的吵架」之後，雙方會覺得獲得某種解答，因而感到彼此間更親密；而「壞的吵架」之後，雙方會更加失落，且持續數天的冷戰。

一旦你能領悟到「好」與「壞」的吵架之差異時，即能體會「吵架的藝術」。約翰・薛菲爾（John Shettield）說的好：「那些生活中沒有爭吵的人，鮮能經歷最真實的歡樂。彼此互相原諒，這是『愛』最溫柔的部份。」

為什麼一定要宣戰呢？為什麼一定要贏呢？別忘了，你要當他的愛人，而不是他的敵人！

找回失落的生活

如果你想要說理，請把聲音放低下來再說吧！

寬恕的權柄

曾經在一本書中讀到一則感人的故事。

酗酒毀了一位年輕人。他不滿三十歲，十年裡就被捕了三十多次，事業、家庭、朋友、自尊心，都遠離了他。

有一次他又喝醉了，剛好被一位警員抓住。他心中極為不滿，一時衝動，狠狠地打了警員幾下。

過了二十四小時，青年從警察局被釋放出來，隨即穿進一條大街，搭巴士趕出城。

沒想到，在轉角的地方，竟碰到前一天抓他的警察，鼻子上還貼著膠布。他想：一定是昨夜那兩下揮中的。

青年見了警察，覺得很不好意思，只想轉身離開。可是警察卻專程走過來，直呼青年的名字，問他有哪裡不舒服？青年於是隨便回了一兩句話。

警員說：「孩子，今晚我再見到你，覺得很高興，你清醒的時候，與昨天簡直判若兩人！」

本來，對這樣一個無可救藥的酒鬼，何況又被他打腫了鼻子，那警察應該輕視青年才是。但是他反而說了一句這樣感人的話，而且臉上又顯露出因見他清醒而快慰的表情。

自從青年染上酒癮以後，從來沒有人對他說過這樣富有尊嚴的話，因此他非常感動。

從那一天起，他就滴酒不沾了。

仁慈，是一種聾子能聽到，啞巴能了解的語言。原諒別人使人相信，你還認為他是有希望的人，可以給他成長覺悟的機會。不批評別人，反而讓他們自覺愧疚、罪惡，因而下定決心痛改前非。

莎士比亞（William Shakespeare）曾說：「仁慈，不是勉強之事，它如細雨從天而降，不論給的或受的，都因之有福。」我們每個人手上都擁有極大的寬恕權柄，如果我們能在日常生活中，隨時提醒自己要寬以待人，那麼就可以讓自己的心靈遨遊於寬闊的天地之間。

美國羅斯福總統夫人，有次在白宮宴請全國前一百名最受歡迎女作家。眾賓客在用完餐後一時興起，遂在大廳內婆娑起舞，場面快樂極了，

突然，有位冒失的女作家，竟把客廳裡所擺設的一個花瓶給摔破了。

「糟啦！那是第一夫人最喜歡的花瓶，聽說價值不菲，還是總統先生親自在巴黎買的……」

「喲！我看這冒失鬼要倒大楣啦！……不知要她賠多少錢呢？」

正當賓客及警衛們議論紛紛時，那位冒失的女作家也頓時面色蒼白如紙，「我……我……」最後竟一句話也說不出來。

「唉！請妳不要放在心上，」只見羅斯福夫人這時走到該女作家面前，微笑地說：「正因為它價值不菲，所以這些日子來我總是擔心害怕，深恐打破了它。」接著她又溫柔地繼續說道：「如今托妳的福，才使我卸下這個重擔，我應該要謝謝妳才是。」

慈悲是一道門，不是門口的腳墊而是門。踏出這道門，可以窺見對方的痛苦，而能以仁慈、寬恕、樂觀和正面的思想來化解憎恨。如此，怨恨就不可能在你心中佔有一點地方，而你的生命也將獲得全然的解脫和滿足。

找回失落的生活

能看透一切，即是大智慧；
能寬待所有，即是大胸襟。

寬恕的權柄

仁慈，是一種聾子能聽到，啞巴能了解的語言。
原諒別人是使人相信，你還認為他是有希望的人，
可以給他成長覺悟的機會。

請設身處地著想

王小二為財大氣粗的財主做長工，這財主仗著自己有錢有勢，對王小二處處擺出一副高人一等的架勢。

這年除夕，財主和王小二同時各得一子。在除夕得子，財主覺得臉上很光彩，為顯示他兒子的高貴，將其取名叫「臉」，而把王小二的兒子取名叫「屁股」。財主時常為他的「臉」比「屁股」尊貴而得意洋洋，完全無視於他人的感受。

兩年以後，王小二又得一子一女，而財主的兒子「臉」卻因病夭亡。財主悲痛萬分，傷心不已。王小二見主人如此悲傷，便勸道：「主人，想開些吧！人死了不能復生，沒想到你如此喜歡孩子。這樣吧，如不嫌棄，就讓我的『屁股』做你的『臉』吧……」。

財主淚流滿面，乾張嘴說不出話來，連連點頭表示同意。

財主本來想以「屁股」與「臉」的區別來顯示自己的高貴，不知設身處地地為別人著想的財主，沒想到最後反讓人家的「屁股」做了自己的「臉」。

我們在說話和做事前，應該時常靜下來問自己：如果別人對我這麼說，或這樣做，我會作何感想？「請設身處地著想」（Put Yourself in my shoes）美國印第安人的蘇族人認為在論斷別人之前，應該先穿上那個人的皮鞋走上兩星期，這大概就是這句話的由來。

西奧斯印第安人則有一句名諺：「除非我能替代他的位子兩個禮拜以上，否則我沒有權利批評我的兄弟。」

我們都有過類似的經驗，第一次見到某些人的時候，覺得他們很討厭。

但當我們慢慢知道他們的故事，了解他們性格的其他方面時，我們就比較能寬容他們，甚至會開始同情其中的某些人。

舉例來說，有個人走進一家高級餐廳，卻發現這家餐廳的服務糟透了。不但上菜太慢，女侍粗心大意，一不小心還把他的茶水打翻。一種憤怒、委屈和懷著敵意的情緒，使得他氣沖沖地離開，更別提給女侍小費了。

現在，讓我們把情節稍微調整一下。這一次當他坐定後，我輕聲在他耳邊說：「這位女侍的丈夫兩天前死了，家裡還有五個小孩要靠她扶養。」

於是他開始可以體諒這位女侍的所有舉止，而且認為她需要一些支持和鼓勵。有了「設身處地著想」之後，這個人不但不生氣，反而決定多付一些小費。同情，是責備和憤怒最好的解藥。

你看，只要換個鏡頭看事情，結果就有戲劇化的發展。「在憤怒的面孔背後，往往隱藏著一顆受傷的心靈」，了解這點，就能突破人際之間緊張的局面。與其起而為自己辯護，或是生這種人的氣，不如以同理心來了解他的情緒，以軟化他的攻擊。

愈是不可愛的人，愈需要被愛；愈是吹毛求疵的人，愈需要關心與了解。

了解真相便能原諒一切。如果你的朋友處於一時的憤怒，而說了一些傷害你的話，試著退一步去了解他的處境，你可能會反過來同情他的遭遇。如果你的老闆一早就責罵你，不要自責或自憐，試著去想像他可能碰到困擾的事，如此你將不再害怕或憤怒。

與其憎恨他們並伺機報復，不如去理解他們的想法、他們的感情。把憎恨拋到九霄雲外，把報復的念頭從腦海裡抹去，你會發現憤怒的重擔已從肩頭卸去，連你先前遭受的不幸也可以漸漸忘卻，不再抱憾了。

找回失落的生活

請設身處地，經常問自己：「如果我是他，我要怎麼辦？」

請設身處地著想

了解真相，便能原諒一切；
只要換個鏡頭看事情，結果就有不同的發展。
如果你的朋友因為一時的憤怒，而說了一些傷害你的話，
試著退一步去想他的處境，你可能會反過來同情他的遭遇。

漠視比忿怒更有效

有一位政治家，因犯了一些錯誤而受到批評。記者不斷揭他瘡疤，使他非常氣惱，就開車到鄉下去看一位摯友——一個農夫。政治家說：「我要怎麼辦？我實在盡力了，沒有人比我更盡力為民造福，但是看看他們如何批評我！」

老農夫根本聽不清楚他的訴苦，因為獵狗正在屋外對月狂吠。農夫斥喝那隻狗，但牠依然叫個不停。於是農夫對政治家說：「你想知道如何應付那些不公的批評嗎？方法是這樣的：先聽聽這隻狗叫，看看月亮，再想想那些對你狂吠的人——他們啃你腳跟、他們批評你，但是吠者自吠，明者自明。」

著名哲學家安提斯特納斯從某人處聽到「有人在說你壞話喔！」之後，他答道：「做偉大事業的人，常會有人在背後說一些壞話。尤其是首屈一指的人更甚之。」俗語說得好：「名之所至，謗亦隨之。」表示你已非昔日，甚至你已威脅到他人的發展機會，所以才會成為箭靶。

記住這句阿拉伯的名言：「人們不會去搖撼貧瘠的樹木，只有那些掛滿金色果實的，才有人用石頭去打它。」一個人到了有人來「糟蹋」他的時候，那就表示他已經有了一點成就了。

所謂：「能受天磨方鐵漢，不被人忌是庸才。」別人的批評是極可貴的，它可以顯示你正位於什麼地位；而面對責難，我們可以問問自己：「那是真的嗎？」

如果別人批評是真的，不必感到羞愧或罪惡，坦然地接受吧！因為沒有人是十全十美的——當然也包括指責你的人在內。你該為別人的批評高興並感謝，這使你有機會糾正自己的錯。藉著傾聽別人對你的批評，你可以知道在對方眼中你是個什麼樣的人。照這麼想，有人願意告訴你實話，還真是一件好事呢！

萬一這些責難不是真的呢？別忘了，別人有發表意見的權利。如果與指責你的人一起到餐廳，用餐之後他說某些菜難吃死了，你卻認為還好，你會因此有生氣或受侮辱的感覺嗎？你當然不會。為什麼呢？因為你認為他有和你不同品味和見解的權利。好啦！如果你能接受別人對菜色有相左的意見，你又為什麼不能心平氣和地包容別人的意見和批評呢？

大多數的人一聽到別人對他的批評，便渾身緊張，千方百計的設法為自己辯護；而你愈是把別人的批評當作是對你的攻擊，你就愈看不出別人的真正想法是什麼。

很多時候，別人對我們沒有好臉色，其實錯並不在我們身上。如櫃台小姐繃著一張臭臉，並不是你惹她的，可能是她今天諸事不順。同樣的，伴侶對你發脾氣，可能是一起床就心情不好。我們都有過這種經驗，情緒不好的時候，即使一件小事也會觸怒我們。

通常我們批評別人的地方，正是我們無法接受自己的部份。別人身上的負面特質會激怒我們，往往是因為我們拒絕承認自身也擁有這些特質，別人對我們的批評也是同樣的道理。

如果你的朋友在背後批評你，你不必因此感到被侮辱。再觀察一段時間，你將發現他同樣在其他人背後數落他們的不是。這是他一貫的行為模式，不論是面對他的先生、太太或前男友……。今天只是碰巧你們交往，發洩的對象也就變成你啦！

對於批評人最佳反應，就是忽視他們。要使別人怒火高漲的方法，莫過於完全地漠視它，正如對侮辱的反應，漠視往往比忿怒更為有效。

這一招就叫做借力使力，摔角時常會用這技巧，當一方被對方扭往一個方向時，他會故意放手，讓對方用的勁一時收不回來，一個過肩摔就摔過頭去了。你的「消極」常常就是你最大的防禦。

記得萊昂茲（Russell Lyons）寫過一本教人如何面對侮辱的書，我想可以作為本文的結語。他說：「應付侮辱的唯一適當方法就是忽視它；如果你不能忽視他，那麼就超越它；如果你不能超越它，那麼就嘲笑它；如果你還不能夠笑它，也許就是你活該受這侮辱。」批評苛責的冷箭，是攻克不了內在充實的城堡的。

找回失落的生活

對於別人的謾罵，能夠一笑置之的人，適合做領袖。

不說最後一句話

有位高傲的富婆，在一家非常昂貴的餐廳裡，一直抱怨這樣不對，那樣不好。侍者耐著性子直賠不是。

但這位富婆的氣焰反而越發囂張，隨而指著一道菜對侍者說：「你說，這叫做食物？我看連豬都不會吃！」

侍者終於按捺不住，對這位富婆說：

「太太，真是這樣嗎？那麼，我去替妳弄點豬吃的來。」

一個是「心中無半點善意」，一個是「胸中沒有半點寬容」，真是道盡現代人典型的交往模式。再看看下面二則夫妻的對白。

丈夫：「聽妳講話就像是一個白癡。」

太太：「你難道不曉得只有這樣，你才會懂？」

「拿去洗衣店的襯衫拿回來了嗎？」丈夫問。

「我是你什麼人，女傭嗎？」妻子回答。

「當然不是，」他頂了回去，「你如果是女傭的話，至少應該懂得怎樣洗衣服。」

我們經常掉進一個陷阱，就是爭論必有輸贏。在所有的爭吵事件中，大家都堅持自己的觀念，將之視為金科玉律，不肯退讓。我常開玩笑說，這就是所謂的「禮讓」——不管自己有沒有「禮」（理），別人都要「讓」。更重要的是雙方都不願意放棄說「最後一句話」。似乎誰說了最後一句話，不管有理無理，誰就是勝利者，以致爭吵不休。

想解開纏繞在一起的絲線時，是不能用力去拉的，因為你愈用力去拉，纏繞在一起的絲線必定會纏繞得更緊。人與人的交往不也一樣，很多人只知道「得理不饒人」、「火上加油」，卻不曉得「逢人只說三分話」、「順風扯篷、見好就收」的道理，結果關係纏繞糾結，常鬧到不可收拾的地步。

是非對錯並沒有快樂來得重要。快樂的祕訣就是「退一步」，先向別人伸出友善的手。讓對方做「對」的人，並不表示你就「錯」了。因為，當一切都好轉後，你會發現你將獲得放下的平安，也會感到讓別人「對」的喜悅。由此，你也做「對」了。

邱吉爾在退出政壇後，有一次騎著一輛腳踏車在路上閒逛。這時，也有一位女士騎著腳踏車，從另一個方向急駛而來，由於煞車不住，最後竟撞到了邱吉爾。

「你這糟老頭到底會不會騎車？」這位女士惡人先告狀地破口大罵：

「騎車不長眼睛嗎？……」

「對不起！對不起！我還不太會騎車！」邱吉爾對那位女士的惡行惡狀並不介意，只是不住地向對方道歉，「看來妳已經學會很久了，對不對？」

這位女士的氣立刻消了一半，再仔細一看，他竟是偉大的首相，只好羞愧地說道：「不……不……你知道嗎？……我是半分鐘之前才學會騎車的……教我騎的就是閣下您。」

有位智者即說：「幾分容忍，幾分度量，終必能化干戈為玉帛。」

曾有一對父子坐著火車外出旅遊，途中有位查票員來檢查乘客的車票，父親因為找不到車票而受到查票員怒言以對。事後，兒子就問父親，為什麼剛才不反目相對呢？父親說：「兒子，倘若這個人能忍受他自己的脾氣一輩子，為何我不能忍受他幾分鐘呢？」

「不說最後一句話，則可避免紛爭。」這也是我常常提醒自己的座右銘。

找回失落的生活

「吵」字，是口和少的合併，即告訴大家，「少」說一句，正是解決吵架、吵鬧的最好方法。

零碎的數字，溫柔的生活

國語日報兒童版主編
蘇國書

生活是一些數字，一些零碎的數字。

我每天花十五分鐘沖洗院子，二十分鐘澆花，十分鐘餵狗，三分鐘餵魚，一個小時上網，一個小時閱讀書報雜誌，臨睡再運動十分鐘；每週花兩個小時幫狗洗澡，兩個小時整理花木，一個小時換魚缸的水，四個小時寫作；每年出國三次，去PUB七八次，偶爾感冒一兩次……。

二十幾坪的屋頂花園，十幾棵比人還高的喬木，四隻狗，兩大缸一百多尾的魚，一部電腦，加上堆積如山的書報，把我的時間切割成零碎的數字，然後再組合成一張溫柔的清單。

冬天的腳步剛過，桃花、櫻花爭相報訊，接著就可以採收絲瓜、九層塔下廚，順便摘一些新鮮的薄荷葉泡茶；至於那滿樹的桃子、泰國芭樂就留給鳥雀當點心。夜深人靜，狗狗在院子裡守衛，我沖一杯咖啡或煮一壺荷花茶，欣賞小魚進食，有的在水草間翻尋，有些像小雞一樣，啄食沉落缸底的飼料。之後，我一邊看不花腦筋的肥皂劇，一邊上網。電腦畫面不停地變換，傳來千奇百怪的世態。屋外的夜來香緩緩滲透進來，一抬頭，遠山盡是閃爍的燈火，是該計劃下一次的出國旅遊行程了。

零碎的數字，溫柔的生活，永遠讓我陷在其中。

及時讚美

新罕普什州康維爾地方有一家古董店，經常有位可愛的老人去賣古董。一天，當他離去後，古董店的女主人說：「我一直想告訴他，我們是多麼歡迎他來。」她的丈夫回道：「下一次讓我們來告訴他。」

第二年夏天，有個年輕女孩來到店裡，自我介紹說是那位老人的女兒，而她父親已經去世。於是古董店女主人便把上次她父親來後，她跟丈夫的談話告訴她。那女孩眼中充滿著淚水，說：「你們要是對他說了，不知有多好呢！他那時正需要別人對他說這樣的話！」

那家古董店主人說：「現在開始，我一想起什麼人有好處時，我就立刻告訴他，因為我怕也許以後再也沒有機會了。」

我也曾遇過類似的經驗。每次在手術前，經常有病人打電話和我確認手術的時間，我非常了解他們的情況，他們只需要一點安慰，但那些鼓勵的話卻在我的心裡咕噥著，始終說不出口。直到有一次，剛幫一位重症患者抽完血，沒想到隔沒幾分鐘，他就離開了這個世界。此刻握在手中針筒內的血都還是溫的，感覺上好像只是離開病床一下子，沒想到真的就天人永隔。從那次開始，只要能夠安慰的，我就盡力安慰，需要鼓勵的，就盡力鼓勵，以免事後抱憾。

在醫院經常看到這樣悲哀的情形：許多人只有在親人生病住院或無力欣賞時，才送花；無力說話時，才陪他。最悲哀的是，送得最多、人來的最多的那一次，他已經看不見也聽不見了。人都死了，這些不都是多餘的嗎？

經常，我們對自己真正愛的人，卻是最少表達愛意的。我們稱讚同事、讚美朋友，就是很少稱讚自己的妻兒子女。尤其是做丈夫的常說：「反正她知道的！」但是說出來又何妨？說不出來就用寫的「你真好！」「謝謝，今天的晚餐真好吃！」真有那麼難嗎？你認為最不需要讚美的人，通常最需要讚美。

美國心理學家威廉・詹姆斯說：「人類天性最深刻的根本，是對於讚美的渴望。」注意他選用的字，他不用「希望」或「期望」，而是用「渴望」。

鄭板橋的名言：「以人為可愛，而我亦可愛矣！」表面上看來很簡單，其實是一種處事哲學，鼓勵別人盡量去欣賞別人可愛的一面，那麼，他人也會欣賞你的可愛處。時常讚美別人的人，自身必有更值得讚美之處。

戴爾・卡內基說：「精通讚美的人可以深得人心，甚至於當他死的時候，連殯儀館的人都會覺得惋惜。」

套句日本的格言：「一句溫暖的言語，暖和了漫長的冬天。」讓我們也學習讚美，每天至少給別人和自己一次讚美，「你真美！」「做得棒極了！」找找看，不要放過任何值得你去讚賞的人和事。

找回失落的生活

正如話可以傷人，話也可以救人。每天至少給別人和自己一次讚美，你將會發現生活愈來愈美，感覺愈來愈棒。

及時讚美

人生正如一杯檸檬汁，因為忘了加糖，所以不免帶點酸味。
若是發現了對方的優點，不管認識與否，稱讚一下又何妨？
從今天起，每天找出一個人身上的優點，
分別給予他們適切的讚美！

爲生活添加浪漫

我們總是期待生活有點變化，生活能有不同的風貌，但是，實際上我們日復一日依然一成不變，日子就在「應該與必須」之間茫然地度過。五月的某個星期二和十月的某個星期四，就像複製的生活一般，沒有兩樣。

經常，腦海裡總會泛起一股衝動，想拋開煩雜俗世的一切，與好友逃到山中品茗對奕、把酒當歌；聽自己喜歡的音樂，讀自己想讀的書，做自己想做的事。如閒雲野鶴，盡情享受疏狂的暢意或是孤獨的靜謐。

品茗，泡壺好茶，不僅讓人享受寧靜，茶的清香更可讓自己感到溫潤、舒暢。所謂「人間萬事消磨盡，只有清香似舊時」的意境和感動，盡在其中。

我偶爾喜歡泡個清淡的綠茶，到山野中沉澱思緒，細細品賞。那綻放的綠意緩緩，煙霧緩緩，清香緩緩，幻化成有如畫裡山水的古典溫厚。

許多人所追求的精緻生活，其實仍不脫物質層面：買很貴的茶，用很貴的器具泡。其實，喝茶是一種品味，是很沉潛，很有內涵的。以我喜歡的綠茶來說，入口滋味雖不是那麼的紮實渾厚，卻有淡雅的清香，有時似乎還可以聞到嫩葉泥土的氣息，甚至連陽光的溫熱滋味都存含於斯，好像喝下這杯茶，連孕生那片土地的人文滋味也啜飲下去了。

你當然不一定要到山野才能有這種體會。懂得享受生活情趣的人，不論在什麼地點，不論是喝茶、品酒、喝咖啡，甚至飲食都是一種細緻的品味。

只要時間許可，我也喜歡自己下廚做菜。我會邀太太一起到市場去買菜、挑菜、配菜，因為整個做菜過程的樂趣，當然也包含了採購的部份。那種貼近生活的感覺，才最是寶貴的。

你可以在超市買到配好、切好的原料，但那樣炒出來的菜一點個性都沒有。飲食應不僅止於烹飪或食用的行為，而是生活情調的一部份，也是創作的延伸。

個人品味不是雜誌上的彩色圖片，而是自己的真實體會。個人品味無視於錢的多寡，而是隨意可行的一種浪漫。

在寫這本書之前，我早已編寫過十幾本書。每次完稿時，我都會好好犒賞自己，讓自己和家人或朋友享受一頓豐盛的晚餐，以示慶祝；到了出書當天，我還會安排一次旅遊，或到嚮往已久的地方渡假。

記得當我拿到生平出版的第一本書那天，我的心情好極了，當時最想做的事便是把這個消息讓我太太知道。所以我打電話到她辦公室，說要給她一個意外的驚喜！

我們相邀到一家餐廳，用完餐後我們點了咖啡；在等待咖啡的同時，她終於忍不住地問：「你要告訴我什麼嗎？」

我把新書拿出來，擺在桌上，像一個考了滿分的小孩，自信滿滿地展示自己的成績單。她看到後，臉上的笑容好燦爛！那個模樣，摻雜了愛與驕傲，是一種無可言喻的甜美！

喝著剛送來的卡布奇諾，溫柔的酸味從舌尖滑落，抵達喉根時化為說不出的甘甜，至今，我仍對那天香濃的肉桂香味無法忘懷。現在，每當我喝卡布奇諾，就再次品嚐到那種苦盡甘來的幸福。

阿登伯格曾寫下一篇耐人尋味，名為〈再苦，也要喝咖啡〉的詩文——

人生的各種困境總是不分過去、現在、未來，如實地存在我們的世界中。對失意的人來說，咖啡再苦，也苦不過受挫的人生。如何扭轉、舒解、提昇？喝杯咖啡再說吧！在你一口吞下濃縮人生苦澀於一杯的黑色飲（癮）料之前，何妨深呼吸，看看它如何在你面前活色生香；然後，進一步感覺那微微的甘苦滋味如何在你的舌間流連忘返。等你喝完一杯（或續一杯），你的心情也差不多被溫熱的香氣熨平了。

一杯完美呈現的咖啡可以讓人感到無上幸福，甚至可以讓人想掉下淚來；或許你也可以試著用溫柔的心去體會。

看到桌上那杯太太剛為我精心調配好的咖啡，我得趕緊品嚐，不遺漏任何一階段的口感，任何一秒鐘的芳香！

找回失落的生活

生命不只是日復一日，而是不斷推陳出新，生機盎然。懂得為生活中增添一些浪漫，溫柔你的心。

為生活添加浪漫

許多人追求的生活品味，其實仍不脫物質層面；
其實，懂得生活情趣的人，不論在什麼地方，
什麼情境，都能找到屬於自己的品味模式。

工作是爲了享受生活

多數人在一生當中，工作就佔了將近十萬個小時，這大約是我們成年生命中醒時的一半時間。想想我們投資這麼多的時間在工作上，日復一日，年復一年；而令人難過的是，這樣的投資在個人滿足感所得到的回報，卻是少得可憐。

百分之九十的人，不能從工作中得到滿足，只能得到金錢。在我看來，那簡直是苦不堪言。我們大部份人都需要工作——為錢，然而，這也是為了要讓我們的生命活得有意義和自尊。難道你不想在工作上取得除了固定薪水以外的東西嗎？

我認為人生最重要的事，便是及早認清自己要的是什麼。金錢和快樂一樣，只是副產品。像我現在收入增加了，可是這並不是我的目標。我從沒想過靠寫作、演講來賺錢，隨著年歲的增長及經驗的累積，我想表達的是一些個人的看法，不論在專業領域或是人生體驗方面，對我來說即是一種肯定，也是一種幸福。

我並不是說錢不重要，錢當然非常重要，只不過我希望讀者能真正領悟到，工作的目的不僅是為了賺錢，更是為了享受生活。我很幸運，能在非常年輕的時候便知道自己要做什麼。

法國作家紀德說：「幸福的祕訣並非努力於追求快樂，而是從努力中發現快樂。」工作若只是為了餬口，往往帶來壓力與焦慮；努力從工作中找出你的人生價值與意義，那麼你就能發現快樂。就像麥克喬丹，只要他再打一年球，至少可以多賺進一億美金，但喬丹卻選擇退出籃壇。

我覺得年輕人不要一開始就在意自己賺多少錢，而應該問自己有什麼與趣？快樂嗎？對人生有什麼意義？

人的一生中，可以沒有很大的名望，也可以沒有很多的財富，但不可以沒有工作的樂趣。

工作是人生中不可或缺的一部份。事實上，我們每天可能花費更多的時間跟同事相處，而非我們聲稱生命中最愛的人——我們的家人。如果從工作中只得到厭倦、緊張與失望，人的一生將會多痛苦！令自己厭倦的工作即使帶來了「名」與「利」，這種光采又是何等的虛浮？

在《遠離合作》（Divorcing a Corporation）一書中，賈桂琳．哈娜．普蘭茲（Jacqueline Hornor Plumez）說得更深入。她稱金錢和其他工作所得的有形資產為「金手銬」，因為它們常讓我們陷入一個不適合的工作中。她在書中寫了些俏皮話來挖苦那些人們之所以選擇工作的理由。

許多人選擇職業時只懷著賺錢、爭取高職位或昇遷的目的，結果往往無法從事真正有興趣的工作。如果你問一些人在不考慮上述顧慮的情況下，他們真正想從事的工作是什麼？往往你會得到非常意想不到的答案。有一家廣告公司的企劃部主任曾說到，他想當畫家；一家銀行的經理說到他想到學校教書；另有一位老師則希望自己能成為傑出的音樂人。

一般人在中大獎之後，第一個動作就是辭去工作。由此可見，大家都認為沒有工作是最幸福的事，很少人知道工作也能為我們帶來快樂。我們只會抱怨工作繁重枯燥，卻忽略了工作可以使我們不斷成長，充沛活力，還能獲得滿足感。

卡波特（Richard C. Cabot）說的好：「找到自己的工作，乃是找到自己在這個世界上的位置。」

我認識一位很不快樂的人，家有億萬家產；然而對年輕人而言，最不幸的事莫過於毋需自立更生，因為這等於剝奪了他們讓自己快樂的權利。

在〈工作〉一文中，史達茲・特凱（Seuds Turkel）即明確指出：

「工作是一種追尋。能夠同時追尋生活意義和麵包，自我認知和金錢，是為了生命中的驚喜而非麻木。簡單的說，工作所追尋的是一種生命的活力，而非一個星期一到星期五的僵硬生活。」

因此，就是現在，問問自己：你熱愛你的工作嗎？如果是的，為什麼？若不，又是為什麼？你期待從工作中得到什麼，從生活中又得到什麼呢？

找回失落的生活

人最可悲的，就是窮其一生只做一個選擇，萬一選錯了，只得從頭再來，又發現時不我予。

我的看病哲學

合康健診中心總院長　楊健志

在我當實習醫生的一年生涯中，感觸最深的是，只有在輪到婦產科，而且是在產婦如願生下健康的男嬰或女嬰時，我才敢唱歌或表現出高興的樣子。

當時我想，生病已經是件很痛苦的事了，假如我以後的醫師生涯，也都將因病人的愁容，而讓自己也面帶憂愁的話，實非所願也！因此從最早踏入的小兒科開始，在接觸病人之前，就先營造愉快的氣氛，使用一些道具、玩具、口技，甚至不穿白袍，讓他感覺到不是在看病，而是在跟他玩。聽診的時候，將聽診器當作呵癢的工具，或當作電話筒假裝跟他打電話；觸診時，一面按他的身體或鼻子，或拉他的耳朵，一面從我的口中吹擠出嗶嗶的聲音等等，都可因他高興地合作而得到正確的訊息。

至於大人，一句「心臟還在跳啊」之類幽默的話，可讓他放鬆而愉快。

因此，在認真仔細看病之外，關懷加上幽默，輕鬆而不輕浮，相信我這種用意，病人更能接受。

人間何處不可遊

現代人知識是豐富的，卻欠缺生活上的智慧。

我認識幾個商界和醫界的朋友，雖在風景區買了不少土地，卻未曾駐足其間，停下來欣賞土地之美，品味鳥語花香，一心想的都是要如何增值獲利。雖然在郊區或海邊擁有豪華府邸，但是回到家卻只知道吃飯和睡覺。那些因為辛勞工作才擁有的美麗景致，他們鮮少享受過。

想想看，有多少人年輕的時候許下願望，在幾歲以前，要把賺來的錢買一棟別墅和吃山珍海味……。然而，錢是賺足了，但人卻住進了醫院，也沒牙齒去享受美食的樂趣。

我負責照顧的一位病人就是如此，在一次突然的腦血栓後，人生就這樣草草結束，他最大的遺憾是：「未曾好好體驗人生。」

如果你也是這樣走完一生，卻沒有享受到歡樂，是不是會覺得很悲哀呢？這時，就算讓你擁有再多的財富，又有什麼意義？

人生是很短暫的。曾聽一位快退休的教授說，人生真是來也匆匆，去也匆匆，彷彿才過青年節，怎麼就要過重陽節了呢？

年少時讀到李後主的〈烏夜啼〉：「林花謝了春紅，太匆匆！無奈朝來寒雨晚來風……」讓人感到綿綿的惆悵，生起深深的警悟。

我們不停地忙碌，希望多做事、多賺錢，讓生活過得更好。但是卻沒有想到，若能少做一點事、少賺一點錢，可能反而活得更好。享受生活的關鍵，不在於金錢，也不在於事業成就，而在於時間與心境。

一個只重物質生活，汲汲營營心靈空虛，不知人生重心在哪兒的人，反而是既可憐又貧窮的人。

試想，是不是一件生意沒談成，就能摧毀你的一生？是不是少買一雙新鞋，就會使這個星期亂七八糟？是不是趕不上一場約會，就會讓你眾叛親離？是不是高爾夫球一桿沒打好，就能阻止你去享受人生的樂趣？

追求是手段，生活才是目的。把追求看成目的，而忘了該怎麼生活，那可真是白活了！

生命是慷慨的施主，但人們卻時常根據外表來判斷生活的價值，使得上天的福賜被人們棄之如敝屣。

法國印象派畫家莫內（Claude Monet）提醒我們，不要去看事物的表面，而要深入事物的深處。

缺乏感悟的人，常不是由於智商太低，而是因為沒有用心觀察。我們看不見某個東西的美好之處時，並不表示它不存在，而是我們看的不夠仔細，或是沒有足夠的視野來看出它的妙處。

讓我說個故事吧！

有一個父親對他的孩子說：「你到外面去看看，看到什麼來告訴我。」孩子去了一會兒，回來說：「爸爸，我沒看到什麼呀！」

爸爸說：「你再去看看，把昨天沒看到，今天才看到的東西告訴我。」

孩子又去看了半天，回來說：「爸爸，籬邊的菊花開了，草地裡有一隻蝸牛慢慢爬，遠處有一頭水牛在吃草，有一隻白鷺鷥站在牠的背上，好有趣！」

這就是觀察，而耳聰目明的人常常都看不見最重要的東西。

有一位導遊引領旅客遊覽山洞，突然間燈熄了，導遊說：讓我們來體驗一下暗無天日的生活。要記住，這就是盲人一輩子所見到的。

他的話感人至深，一時大家默然，等到燈亮的時候每個人都突然覺得洞內美景煥然，平時不在意的視野倍感可貴，也比從前更能領會山洞奇景。

事物最重要的一面，常因為它們太簡單、太熟悉，以致我們看不見（人對經常出現在眼前的事物常會視而不見）。想像一下，如果日落十年才出現一次，它將是何等珍貴，成千上萬的人都會蜂擁出來觀賞。不過這樣的事確實發生著。沒有兩個日落或日出會完全一樣。每一次出現都有它的形狀、韻味和故事。可惜的是，欠缺欣賞的心情，縱有好山好水，一切也都枉然。

欣賞的關鍵全在一顆誠敬、讚賞與感恩的心。跪下來，你才能聞到花草淡淡的幽香，也才看見靜謐的美。不要高高在上，趴下去，也許又找到精緻之美。

把重擔卸下來，就有閒情；為自己留餘地，就是轉機，何必急於一朝，爭於一時？在斜照夕陽中泡一壺茶，在徐來清風中放風箏……當陽光穿過白紗窗，你會以為，依稀彷彿，天堂伸手可及。

就像一句俗話所說的：「高貴的風吹拂不止，我們所要做的只是揚帆而行。」心情放開了，人間何處不可遊！

找回失落的生活

從平淡「日常生活」中，找到美好雋永的事與物，就是生命的藝術家。

人間何處不可遊

享受生活的關鍵，不在於金錢，
也不在於事業成就，而在於時間與心境。
我們不停地忙碌，
希望多做事、多賺錢、讓生活過得更好；
但是卻沒有想到，若能少做一點事、少賺一點錢，
生活可能反而過得更好！

心靈之羽

如果可以……
將心靈別上兩片輕羽
順著和風　遠走天際
直到生命沙漏的另一端
裝滿真心……

我思故我見

美國總統甘迺迪的母親羅絲‧甘迺迪（Rose Fitzgerald Kennedy）在九十三歲時，接受一家雜誌社採訪。

那時，她的九個子女中已有四個死於非命。另一個女兒羅絲瑪利患有嚴重的智障，也將不久於人世。甘迺迪夫人比丈夫多活了許多年，所以她得以看到報紙上不厭其煩地渲染她丈夫放蕩不羈，荒淫無度的生活。這時，她已是位飽經風霜的老婦人了。當記者問到這一些時，羅絲緩緩地說：

「我一直相信上帝是仁慈的，祂不會讓我們背負過於沉重的十字架。我還相信，不管怎樣，上帝希望我們每個人都高高興興，他不要我們憂傷。鳥兒能在暴風雨過後唱歌，為什麼人們不能從不愉快中解脫而歡愉？」

幸福多半是來自天賜，而愉快卻是我們自己可以把握的。只要我們願意，即使在不如意的情況下，也能保有愉快、開朗的心情。

艾弗雷·愛德勒（**Alfred Adler**）說過：「我們不是被事實所影響，而是被我們對事實的看法而左右。」我們實在無法，也沒有權利去改變外在的環境、世界以及別人。我們可以改變的是——我們對事情所持的觀念。因此，發生什麼事並不重要，重要的是你的反應。

此刻，要是有位朋友咒罵你一頓，你會感覺如何？受到傷害嗎？也許會，也許不會。

A指事件的起因，B為個人想法，C是事件的結果。就心理情緒而言，相同的A可能導致不同的C，關鍵就是B所造成的。你沒有流血、骨折、擦傷等傷害，你的痛苦又從何而來呢？其實就是來自你自己的想法。

因此，我們如果有心情不好或難受沮喪時，實在沒有理由去責怪外在的人或事，因為他們只是反映我們內在思緒的一面鏡子。要轉變這種心情，唯有轉換自己內在的思緒，因為境隨心轉，忿怒的思想反映忿怒的世界，平和的思想則將平和散播於世界。

內心所能達到的最高境界，是別人以恨的態度相待時，我們仍能回報以愛，這表示我們心裡充滿了愛。用力擠壓檸檬，得到的是什麼？檸檬汁。因為這是檸檬的內含物，是誰擠的並無差別。

蘇東坡居士對佛印和尚向來不服。有一天面對面打坐，蘇居士問佛印和尚：「你看我坐的樣子像什麼？」

佛印回答說：「像一尊佛。」

佛印又反問蘇居士：「那我像什麼？」

「像一堆牛糞！」蘇氏回答，得意非凡。

佛印笑而不語，蘇東坡越想越得意，回家對蘇小妹炫耀：「佛印今天可被我整慘了，我說他像一堆牛糞，他一句話也說不出來！」

蘇小妹聽後說：「你真是輸慘了，因為佛印心中只有佛，所以他看你像一尊佛；你心中只有牛糞，所以才會把他看成一堆牛糞。」

「輸入的是垃圾，輸出的也必然是垃圾。」如果你凡事表現出來的是憤恨、怨恨、痛苦與絕望，那表示你內心就是這些東西，否則不會流露出來的。

先是想法，才有情緒。我們的想法是因，外在呈現的是果。也就是我們看到的外在環境所發生的事情「真相」，只不過是我們內在思想活動的反射而已。

不相信嗎？試著回想一下，你在心情好的時候，是不是看任何事情都覺得順心悅目？即使那時發生一點小挫折，你也很可能不會太在意它；再比較一下，如果此時你心情不好，即使是一點小事你都會覺得令人心煩。

因此可見，同樣程度的挫折，在我們心情不同時，就有不同的看法和感覺；而唯一能控制這中間轉變的，就是我們自己內在的思緒了。

我思故我見。如果今天你發現外界事物使你不安時，那麼你必須切記你所見和所感受的，都是自己思想投射於外的結果。你所看見的身外世界，實際上即是你自己思想的投射，正如同站在鏡子前一樣。因此，一旦決意改變自我內在的思想，那麼對世界的知覺也將隨之改變。

找回蒙塵的心靈

想法影響感覺。潛藏在意識下的思想，比攤在陽光下的更具殺傷力。因此走出沮喪陰影的第一步，就是認清你的感覺和想法。

大自然的過客

台北市野鳥學會義工　許建忠

二十年前在軍中一位愛鳥成痴的朋友引領下，讓我認識生活在周遭的野鳥，兩人退伍後一同參加台北鳥會的活動，沒想到這個舉動改變了我的人生方向與價值觀。生活在都會的人很難察覺自然的律動，對自然的變化總是遲鈍些。

二十年前的機緣，讓我利用公餘閒暇走訪山陬水涯觀察野鳥之便，目睹快速土崩瓦解的環境。一處處原本生機盎然，清新秀麗的田園、湖沼、森林、海岸線……被公路、建築物、垃圾……取而代之。從經濟發展、繁榮的角度來看，似為不得已的犧牲，但隨鳥走天涯，看到日本、澳州、南非，甚至馬來西亞、印度，發現人、鳥共存並不是多麼困難的事，其間的關鍵是，對大自然的了解與尊重。

民國七十八年野鳥學會主導動員有限的人力，為台灣的野生動物保育法催生。很幸運的是這群與政治絕緣的自然人，意外為台灣的野生動物闖開一線生機。

歷經十年，野動法在執行的過程固然產了人與動物孰重的爭執，但我們已看到數個重要野生動物棲地因此法而列為保護區，民眾關懷生物的意識逐漸提升……，然而台灣的環境破壞並未因此而舒緩。因為數十年來以經濟發展為最高原則的國家政策，塑造出島上人類短視的性格，環境教育的廣度與深化，成為平衡此一現象的關鍵。

民國八十五年台北關渡自然公園在鳥會十多年的努力下，終獲市府與議會的支持，通過土地徵收的預算，為北台灣保留一處自然荒野。身為鳥會的一份子期許：透過這扇通往自然的窗，為更多民眾講述自然的故事，體悟我們僅是大自然的過客而非主人。

比較生不平

劉太太是位家庭主婦，偶爾也做一些直銷的生意，個性直爽，但有點小心眼，就是喜歡跟別人比較，對別人的成就常不以為然。

從小開始，她最關心的事就是社會地位。當她富有的丈夫死後，她的貴夫人生涯也隨之埋入黃土，她覺得能回復昔日輝煌生活的唯一機會，只有指望她的女兒。所以，她盡可能給女兒學鋼琴、舞蹈、外語，這一切都只是為了替她釣一個金龜婿，來重振丈母娘的自尊。

當然，做媽媽的心裡並不全然只為自己著想，她也是希望女兒嫁一個門當戶對的人，「這都是為了丫頭自己好，你知道的。」可是潛意識裡，她的

「心眼」的確是一種攀龍附鳳的心理在作祟。

結果千算萬算，她大學畢業的女兒，學會獨立思考，然後結婚了。對方不是家世顯赫的紈　子弟，而是個小職員。

劉太太心裡明白，女兒選擇自己所愛是正確的決定；但她同時也明白，她畢生的希望就此付諸流水。

「一個微不足道的小夥子，」她懊惱地說，「就只是一個小職員而已，我朋友的女兒都嫁醫生、博士……」

來自比較心理產生的失衡，可不是微不足道的。她終於受不了而精神崩潰了。

「我要我女兒幸福快樂，」她心理一部份這麼說；另一部份卻在哭泣，「我要一個能引以為傲的女婿！」

「我愛我的女兒，她是我的全部，」以及「我恨我的女兒，她太讓我失望！」、「這叫我拿什麼臉去見人！」

多半時候，一個人的不快樂，源自於「和別人比」而忘了自己所有的，一雙眼只定睛在別人所擁有的一切上，老是想勝過別人，藉以證明自己優越、高尚的虛榮，結果往往把自己推入「輸不起」的難堪中。

夫妻間也可能有此情形發生。先生與高采烈地對太太說：「我今天很幸運，多賺一萬塊，晚上出去慶祝一下！」

正當得意時，喜歡比較的太太不屑地說：「人家隔壁的錢醫師，一天賺好幾萬都沒嚷嚷，你賺那一萬塊能幹嘛？」丈夫和她的心情都跌入谷底。

於是，比較生不平，不平生嫉妒，嫉妒生怨恨，怨恨生忿怒，忿怒使人生病。就像劉太太常覺得她心思混亂、失眠，而且心情鬱悶。實際上，她並不知道她的身體症狀正是源自情感的衝突。

每一種心身疾病的根源，幾乎都是衝突情感的崩潰，追究其因多半是來自「比較」的嫉妒心理。

心理學家載博拉・菲利普斯（Debora Phillps）在她的《如何不再愛他》

（How to Fall Out of Love）一書中，提出的「思考停止法」（Thought-Stopping），特別適用於嫉妒和愛比較的人身上。

當你陷於這些令人痛苦的想法時，立刻對自己說：「停！」然後想像一幕快樂的景象，一個快樂的回憶。不論是詩情畫意的田野、大快朵頤的享受、怡然自得的漫步、或溫暖和煦的陽光……，不停地專心去想這些快樂的事情，直到心情好轉一些，便開始做你日常的工作。萬一痛苦的想法又浮現心頭，便重覆以上的過程。

下次，當比較之心又蠢蠢欲動時，別忘了這個技巧，試著去克服、去打敗它，告訴自己：「別人是別人，我是我！」

找回蒙塵的心靈

更接納自己，再加上不要和別人比較，你就可以盡情享受自己的人生美景。

人生的戲謔與考驗

國大代表　石元娜

她！脊髓裡長滿了惡性腫瘤，醫生宣佈來日有限，目前只能靠輪椅代步！

他！小兒麻痺症候群受害者，因為雙腿已經痿縮，只能靠雙枴杖撐著行動！

他們倆卻因為相惜、相憐、相許而擁有一個可愛的女兒——亞亞！

命運之神為他們一家人的成長過程中，帶來了太多的戲謔和考驗。有一段日子，連我這個旁觀者都以為故事都已經演不下去了，卻每每峰迴路轉，又有了完滿的續篇……。在整個關懷過程中，我扮演小螺絲釘的角色：當他們感情受阻時，我舉辦的「殘友婚紗秀」卻帶來始料未及的好運氣，讓他們倆因參加而結成連理枝；當他們的寶寶未足月便搶先來人世間報到時，我的聽友們為他們的愛情結晶募集了一筆可觀的教育基金，讓亞亞可以順利地長大求學！

今天，他們的生活辛苦卻豐沛，小亞亞也在大家的關注下健康成長！他們的周遭有著太多的關懷、愛護、照顧他們的朋友，大家不肯、不願也不能讓悲劇再在這個家庭中發生。

親愛的朋友！讀過何醫師的溫馨作品及瞭解我跟您說的故事後，您是否也願意在您的生活中開始扮演為別人加油、打氣的角色？讓朵朵美麗的花兒開在每一個人心田！

別讓優越感傷了人

莉莉任職於某銀行，是經理的堂妹。平時自認聰明，常會自以為是地否定別人的看法或擅自提出結論。有一天，莉莉與三位同事在公司談話——

玉霞說：「昨晚的電視『神鵰俠侶』你們有看嗎？」

淑君回話：「我有看喔！好棒喔！」

阿娟興奮地說：「我也看了，哇！那位女主角真漂亮，她穿那件白紗衣，好飄逸，還有男主角好酷，迷死人了！」

玉霞一面說，一面轉頭：「我也很喜歡他們，莉莉妳有沒有看呢？」

莉莉沒有回答，一副不以為然的樣子東張西望。淑君、阿娟看了莉莉一眼後，不約而同地交換一下莫可奈何的眼色。過了幾秒後——

莉莉才說：「哼！那有什麼好看的！我只看了五分鐘就把電視關掉，我寧可看書，也不看那種沒水準的連續劇，真是浪費時間。」

任何一席談話，你將可觀察到，由於優越感的驅使，即使是最微不足道的話題，也能引發最具傷害力的敵意。傷人的程度或許不同，不過造成的傷害卻是一樣的。例如，妳的好友興沖沖地打電話告訴妳，她用折價卷到批發店買到許多便宜的保養品，而妳竟說：「噢！我只敢在有品牌的專櫃買，雖然價錢貴一點，可是對我來說還是值得的。」又如，別人有一隻土狗養的好好的，而你卻對他說：「我覺得，沒有血統證明的雜種狗不值得養。」這豈不是罵人不帶髒字嗎？

諸類苛薄損人的話，比在廁所裡深呼吸還令人難受；不如早點敬而遠之，免得自食惡果。看看下面的故事，你將有所領悟。

有個婦人去看醫生：

「你身體不舒服幾天了？」醫生問。

「已經五天了，起初我在對面的藥店買藥來吃，吃了四天，但是還沒好。」婦人回答。

這位醫生對那家藥店的老闆不懷好意，他認為打擊這家藥店的機會來了，於是他神氣十足地說道：

「你聽那一家藥店的話，一定會倒楣的，他什麼都不懂，只會胡亂瞎掰。」

醫生話還沒說完，婦人就匆匆地要走了。

「太太，我還沒有給妳診斷，為什麼就要回去了呢？」

「因為我來這裡看病，是那家藥店老闆介紹的。」

伏爾泰也有相同的經驗。有一次他對一位朋友極力讚揚某位作家。可是那位朋友聽了，卻說：「很奇怪，你把他說得那麼好，可是他卻說你是一個走江湖的騙子。」伏爾泰聽了，就說：「哦，我想也許我們兩個人都可能犯錯。」

找回蒙塵的心靈

你沒有必要在別人落榜當天，告訴他你金榜題名的喜悅。

誠懇的藝術，就是在正確的時機，向正確的人，說出正確的事實。

彌補自尊的空洞

米德是希臘富可敵國的公爵，手上所擁有的土地連國王都自嘆弗如。因此他顯得趾高氣昂，逢人就要吹噓自己的財富。

這一天，他拜訪了大哲學家蘇格拉底，還沒談到兩句話，就又扯到他那雅典附近的廣大田地。

「先生大概不知道吧！我所擁有的土地，是全希臘人所望塵莫及的。」他得意洋洋地說。

「哇！真令人羨慕死了。」蘇格拉底拿出一張世界地圖來：「你指給我看，亞細亞在那裡？」

「這一大片全是。」米德指著地圖洋洋得意地說。

「很好！那麼，希臘在那裡？」

米德好不容易在地圖上找出一小塊來，但和亞細亞相比，是太小了。

「雅典呢？在那兒？」

這個更小，只是一個小之又小的點。

最後，蘇格拉底說：「現在，你指給我看，你那塊廣大的田地在那兒？」

米德找不到了，他的田地在地圖上連個影子也沒有。他很尷尬地回答道：「沒有。」

「既然如此，」蘇格拉底接著說：「那就不值得你誇耀了。」

你有沒有碰過愛現的人？如某太太告訴你，她寶貝兒子功課全拿一百分；老先生津津樂道兒子很會賺錢，而且買了好幾棟房子；還有，你的朋友向你炫耀他的關係有多好，酒量有多強，外加女友要編號……諸如此類，你是不是聽了倒盡胃口呢？

名演說家卡內基，有一天被某一個文化團體邀請去演講。在他面前發言的是一個年輕人，他將自己驕傲的祖宗八代談了一大套，使得聽眾厭倦不堪。

卡內基終於耐不住了，便站起來對他說：

「你這篇光榮的家譜，提醒了我記起大哲學家培根某次演說中的話，他說誇耀他們祖先的那些人，正像是馬鈴薯，最有價值的一部份是埋在地下的。」

炫耀的內容，總是比較顯著地出現在一個人的生命中最自卑的地方。有位吳先生覺得自己和女性的關係很不如人，因此經常大談他征服女性的故事。

有一個朋友被纏住聽他的故事，最後只好誠實地告訴他：「等你不再談論你的愛情故事的時候，我就相信你真的樂在其中了。」

這類人之所以不厭其煩地吹牛，乃是因為在他們的心裡，該放自尊的地方漏了一個很大的洞，他們知道自己不夠份量，所以要用吹牛皮來填補這個洞的空虛。只是當這種膨脹心理的海市蜃樓被破滅之後，往往會藉著表現於外的攻擊行為，來掩飾自己內心的不安。

有一個女秘書，她知道自己容貌平庸，可是在幾位乏善可陳的女同事襯托下，她開始產生了「自我膨脹」。最近新進一位比較漂亮的女孩，她內心的平衡立刻傾覆，她發現自己處在劣勢。這麼一來，膨脹情緒就作祟了，使她看見了許多自己優於新來女孩的地方。

有一回，她懷著報復意念，嘲笑道：「哇，你這雙腳可真大呀！」那個女孩被這個譏諷貶到自卑的地位上去了，因而立刻反唇相譏：「我這雙大腳也只有你這張大嘴配得上！」

「猿猴樹爬得愈高，醜陋的紅屁股愈容易被人瞧見。」記住莎士比亞的這句話，相信在你下次膨脹情緒要發作時，會有所警惕的。

找回蒙塵的心靈

驕傲是另一種形式的自自卑，為粗陋淺薄做了欲蓋彌彰的宣揚。

彌補自尊的空洞

炫耀的內容，
總是比較顯著的出現在一個人的生命中最自卑的地方。
這些人之所以不厭其煩地吹牛，乃是因為在他們的心裡，
該放自尊的地方破了一個洞，
因而不自覺地要用「吹牛」來彌補這個空洞。

生氣是自找的

想一想你上一次對某人生氣時的情景，你是氣他這個人呢，或是氣他所做的事或所說的話？你之所以會生氣，是否因為你認為別人對你不好，別人不應該這樣，不應該那樣。於是你大發脾氣，將之當成對他的一種報復與懲罰？

換句話說，生氣就是你想要別人這樣，別人偏不這樣做。你的希望遭受挫折，因而產生了一種情緒反應。

問題是，你有權利要求別人這樣做嗎？

證嚴法師曾說：「生別人的氣，等於是拿別人的錯來懲罰自己。」更何況，人不是十全十美，每個人都有選擇做自己的權利。生氣乃是由於你想改變別人的行為，扭轉別人的想法。如果你知道你沒有權利去改變別人，氣又從何而生呢？

「氣」是由每個人的心裡產生的，不要把責任推給別人。我們經常認為我們的感受是來自於外界的；是某人或某事物將這些感受加諸我們身上的。例如，我們說：「他讓我火冒三丈！」彷彿「我」與這件事毫無關係，「我」只是一個無辜的局外人罷了。

事實上，「他」並無法使你生氣、忿怒、快樂或悲傷。「他」只不過是提供了一個刺激，給你的大腦帶來某種訊息，是你藉著對刺激的詮釋而反應出生氣、忿怒、快樂，或悲傷。

一名學生家長猛烈地羞辱一間學校的校長，這校長連眉頭都沒皺一下。

許多老師私下向他請教，這種功夫有什麼祕訣嗎？

校長回答說：「如果有人寄封信給你，而你不打開，你還會受內容的影響嗎？」

別人的攻擊就像交通號誌一樣，變換成紅燈只是個訊號；至於要立刻剎車或加速通過，則由你自己做主。

生氣是自找的，不是別人惹的。也許別人與你不同，不合你的口味，不令你喜歡，但那不是他的錯。使你生氣，苦惱的是你自己。當你把願望變成要求，而要求又不能順逐時，你就會產生忿怒；如果願望只限於期望的程度，當你無法如願以償時，只會覺得失望或遺憾，並不會發怒。

回想一下，你曾經有多少未能實現的夢想？問問你自己，你曾否為了沒中第一特獎，或是沒當成電影名星而生氣？這些都是願望，如果未能實現，我們很少會去生氣。但是，一旦你認定這些願望是我們應得的，而且認為自己是對的，那麼事情往往就非照我們的心意不可。於是我們就把正常的希望變成了神經質的要求，從而引發神經質的情緒。

簡單地說，生氣即是希望落空的一種幼稚反應。而造成這種反應的有三，一種是由「自私」而來，另一種則是「自大」而來，若非前二種，那麼必是由「自卑」而來。

因此如果你生某人的氣，記得，讓你生氣的不是他們的行為，而是你自己，是你以自己的想法點燃了那些化學煙火。當你明白了這個道理，就不會再去責備他們。

想要不生氣，首先必須拋開「是別人使你生氣」的想法。如果發現自己開始動怒時，要承認自己在感情用事，不要說：「如果你這樣做，我會生氣。」而應說：「如果我這樣想，我才會生氣。」要切記，只有自己才能為自己帶來忿怒。

譬如，不小心被抽屜夾到手，你會有疼痛的感覺。被抽屜夾到手指，引起疼痛是一個帶來痛苦的事實；但是你有選擇的餘地——你可以選擇生氣、發怒、哭泣或尖叫，並增加你的痛苦；你也可以選擇收斂你的情緒，把它當成平常的意外，或是提醒自己日後更加小心謹慎，藉此你得以平撫你的痛苦。

「感覺」這東西既微妙又虛幻，只是當你意識到它的時候，它才存在，才能左右你的情緒，才會產生殺傷力；當你不在意它的時候，它就跟沒發生過一樣。讓莊子說個故事給你聽：

有一個人在湖裡划船，突然另一條船撞過來。他正想破口大罵，卻發現是一條空船，因此氣就消了，不久，又有一條船撞過來。他叫了幾聲，對船的人卻相應不理，他便破口大罵了。

假如，你能去除受害的「感覺」，讓自己像條空船，即使偶爾的碰撞，也不會招來忿怒，不是很好嗎？

你「感覺」自己常生氣嗎？你「感覺」別人總讓你不滿嗎？那就讓這種「感覺」去投胎吧，然後，你就重生了！

找回蒙塵的心靈

愛發脾氣的人，是世界上最無用的人，因為他不知道還有其它的辦法可以解決問題。

生氣是自找的

生氣是自找的，不是別人惹的。
當你一旦認定原有的願望是自己應得的，
而事情又不符合原有的期待時，
我們就會把「希望」變成神經質的「要求」，
從而引發神經質的情緒，
最後導致歇斯底里的「忿怒」。

責備永遠是錯的

這是一對父子的對話——

父親：孩子，你要知道，因為愛你我才這樣罵你、打你。

兒子：爸爸，我真希望快點長大就可以回報您對我的這種愛。

下面則是一位老師和一個小男孩的對話——

「我不會做！」小男孩說。

「為什麼不會做？」老師問。

「因為我笨！」男孩回答。

「你怎麼知道你笨？」老師問。

「因為爸爸說我是笨蛋！」

不論你喊一個小孩什麼，都會成為他自我觀念的一部份。比方說，你每天喊他「阿強」，他就會知道「我就是阿強」；你喊他「笨蛋」，他也會知道「我就是笨蛋」。因此，類似「笨蛋」、「懶蟲」、「壞孩子」這類批評對孩子的影響最不好，甚至會影響他的一生。

當你批評別人時，記得是針對他們的行為，而不是他們個人。不要說：「你老是遲到！」而要改口說：「今天上學遲到了！你不是說好要早起的嗎？我覺得有點失望哦！」如此你便為他們開啟了一扇門，使他們盡可能設法去彌補。

請務必將個人與他的罪行分開，不要把為人與行事混淆不清。

假如你用一根釘子把一幅畫釘在牆上，沒想到沒一會兒畫便掉下來。你會因此責怪這根釘子不牢靠，真沒用？或者責怪這幅畫太重，而認為這是一幅不好的畫嗎？

如果你的小孩不小心打破花瓶，當他向你坦承他的過錯時，並不代表他應該受你的責備。因為責任與責備根本是兩回事。

或許有人要問：「我若不怪他，那麼我該怪誰？」答案是別怪任何人。

我沒見過受了責備還認為自己很好的人。這是最容易發展成自卑感與造成失敗的途徑。你一直灌輸某人他沒有用的想法，叫他如何有信心面對一切呢？你越責備別人，別人就表現得越差，這是不可避免的。

當我們以一種看不起別人的態度對待旁人，旁人多半就會做出一些令人看不起的事。因為，「既然你說我很壞，我就壞給你看！」是人性自然的反應。當大家都不把犯人當人看待，犯人就會做出一些如野獸般的行為。責備不但解決不了任何問題，它還應該為這個世界的忿怒和不信任負責。

責備是沒有用的，如果有效的話，全天下愛嘮叨的人都可以高枕無憂。因為只要不斷地囉嗦，何愁別人不聽他的話？就像你常一直嘀咕你先生（或太太），結果有用嗎？

吸引蝴蝶飛來的，是花蜜而非芒刺。有人說：「人們會照著你所鼓勵的方向去做，而不是依你批評的方向去做。」這句話一點都不錯。

不妨以小孩學走路為例。由於嬰兒是在嚐試和錯誤中學習，父母不會因小孩跌倒了就大聲怒罵或責罰，他們不會說：「你這個笨小孩！」反而會以笑和鼓勵要小孩再試一遍。在這種情形下，小孩很快忘了失敗的不快，接著又快樂地站起來，彷彿是第一次似的充滿熱情。當要改變別人時，也是一樣，要把他看做是剛學走路的小孩子。

如果你一時無法改變責備的習慣時，那就弄一條有彈性的橡皮筋，套在你的手腕上，鬆緊不致阻礙血液循環就好。你每天戴著，發現自己又開始嘮叨時，就用力彈一下橡皮筋，手自然會痛，如果你能確實執行，保證你不久就不再犯了。

再提醒一次：永遠不要責備他人。無知的人不會理會，而明智的人則不需要。

找回蒙塵的心靈

沒有人會在不斷被傳達「壞」的訊息後會變得更好。

放下成見，心扉開

你是否給過自己一個機會，在一天當中完全接受每一個人而不做批判？也就是你不但在口頭上，同時也打從內心不去評斷某人的好與壞，美與醜，甚至邪、正與否，就只是接受他原來呈現的樣子，以中性的角度去面對這個人。

我想這是很難的事，幾乎每一分鐘，我們都依憑過去所得的經驗、知識在作判斷。例如，這個人的長相、身高、穿著、電話中的聲音、辦公室裡的擺設，甚至開什麼車，都會帶給別人第一印象（First impression）。

國外有一本相關的書籍，副題是「The Four Minutes Sell」，乍看之下，也許你會覺得太誇張了，才四分鐘就被人認定，不過這確是事實。有句成語「先入為主」，也說明了第一印象的重要性。

然而，第一印象是會騙人的，它雖然很重要，但畢竟只是第一印象，並不能提供真實且全面的了解，就像拼圖其中的一小塊。我們常是以偏概全，看到某個人的一面，就以為他不論在何時、何地都是這副樣子。

例如，我們說：「他是一位很嚴肅的老師」，那是我們在課堂上看到他的表現如此，因而做了這樣的評斷。但當有一天，看到他對妻兒溫柔體貼，或是看到他在餐廳裡談笑風生，你不禁吃驚的問，到底哪一個才是真正的他？其實都是，只是我們都犯了「以管窺天，以偏概全」的毛病。

我們常帶著有「色」的眼光看別人；同樣的，不同的人常常也以不同的眼光來評斷我們。我們的老闆不會跟家人以同樣方式來看我們。共度假日的朋友與工作上的同事，也不會看到我們相同的一面。

人類一向有很多錯覺，這是無法避免的盲點。讓我們列幾個圖為例，如

A圖中間的圓圈左邊看起來比較大；B圖中下邊看起來比較長；C、D圖的直線看起來有點彎曲。這些都可以證明人類錯覺的存在。（如後頁圖）

此外，當看到月亮後面有一片雲移動時，我們會覺得月亮在移動；兩列車停在車站，對方車開動時，我們也常會錯以為自己所搭乘的火車已經啟動；又如，當我們觀看月亮時，幾乎所有人都會說地平線上的月亮比頭頂上的月亮來得大，這種現象叫做「月亮錯覺」。

我們對人的覺也是一樣。如果父母親把我們的美德善良描述出來，我們的競爭對手可能打死都不會相信；如果由我們的孩子來描述我們，那麼我們的部屬很可能會聽不懂他所說的是誰了。

如果光靠外表來判斷一個人的話，我想拿破崙若被送到現代的台北街上，並穿著符合時代的服裝時，大概會被認為只是一個有著啤酒肚的乾洗店老闆，或是六合彩的組頭。這種「成見」反應，在相親的時候最常發生。大部份人常只看到表象或片斷，就枉下斷言而造成錯誤。

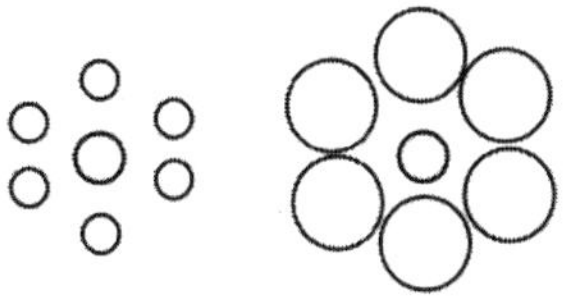

A

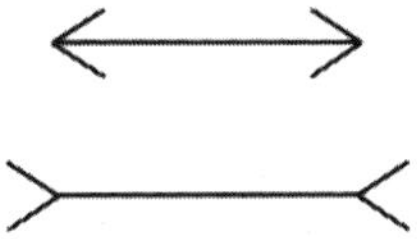

B

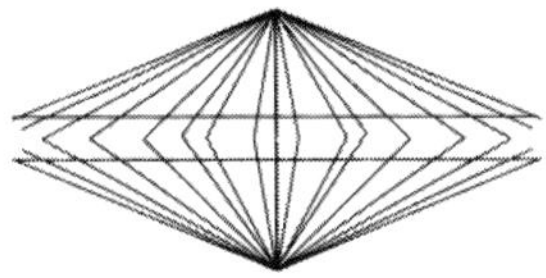

C

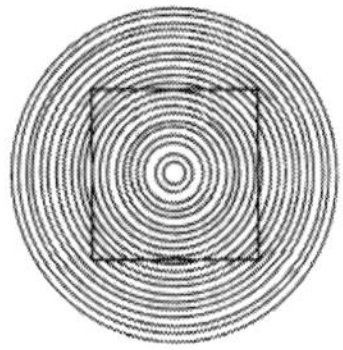

D

A 圖中間的圓圈左邊看起來比較大；
B 圖中下邊的直線看起來比較長；
C 、D 圖中間的直線看起來有點彎曲，
這些都是因為人類的錯覺所造成的盲點。

人是經驗的產物，經由我們外在感官所接收的訊息，經常是被我們自己過去的經驗系統所限制或扭曲的，所以我們只看到了部份的事實和偏見，而不是所有的事實。它就像一個個規格不一的「框子」，每個人都拿自己的框子，去「框」別人，也「框」這世界。

有這麼一個小故事——

老師：「如果你發現一間屋子裡有蜘蛛網，你會怎麼想呢？」

甲生：「這間房子太破舊了。」

乙生：「這家人一定不愛乾淨。」

丙生：「這家女主人很懶惰。」

丁生：「這間屋子裡有一隻蜘蛛。」

很顯然地，丁生的答案最客觀，不帶成見陳述事實。如果每個人都能敞開心胸，試著以不批判的中性態度來面對周遭的一切，你將放下「成見」，讓心靈獲得最大的包容和接納。

找回蒙塵的心靈

偏見使我們心中築起了生命的高牆。就像坐牢一樣，只見斗室之卑，不見天地之大。

不完美又何妨

快接近清晨二點鐘了，宜芬還在寫她的報告，今天中午得交給教授批閱。這已是第五次修稿，稿子改得夠好了，但她還是覺得不如想像中的滿意。所以，她又把原稿撕了，從頭再來。

完美主義者和工作狂一樣，同是出於無法肯定自我的價值所致。當我們年紀還小時，父母就教我們要往高處爬，灌輸我們「完美主義」、「盡善盡美」、「第一名」的觀念，卻沒有提醒我們殘酷的生存現實面，也沒有教我們有時候在階梯最下一層待著也不錯！

父母一再把注意力放在孩子的錯誤，而非成就上；當孩子在數學測驗中獲得九十分時，他們不但不會讚美，反而還會問：「你哪些地方算錯了？」以致長大後，面對事情總是要求百分之百的完美，不論多努力去做，永遠都不會滿意。

完美主義可算是最高級的自我虐待了。羅賓・伍思頓說：「為了緊握完美主義的匾額而死要面子是不值得的，因為你很快就會被搞得筋疲力竭。」如果你明瞭冠軍只有一個，而且那一個不一定永遠是你，那麼你將會極度失望。

英國倫敦有一間精神病院，院長對記者說：「在這間醫院裡得到精神病的患者，如果他們知道失敗不是自己的過錯，且寬恕令他們引起罪惡感的內疚和過失的話，這裡的病人一半以上都可以痊癒出院了。」

完美主義者向來把錯誤和失敗畫上等號，他們常用放大鏡來看自己的錯誤，一旦出了差錯，就該去面壁，該去撞牆，沒有什麼好說的。難怪亨利・比群會說：「當一個人標榜他凡事要做到十全十美的地步時，他的容身之處就只剩兩個地方：一處是天堂，另一處是瘋人院！

沒有人是完美的，要能原諒自己的過錯。想想你是世上唯一會做蠢事的人嗎？如果你能諒解別人，為什麼就不能諒解自己？錯誤並不能傷害你，但愁苦卻可以傷害你！當同樣的一件事出了同樣的錯時，別人還是照樣過日子，為什麼你就不能？

精神科裡有一種病人，總是不停地洗手、打掃房間，但他卻還嫌「髒」，這其實是一種「病」，通常是想掩飾他們心中的「不潔」。

正如完美主義一樣，過度的「潔癖」，也是一種「污染」。

有人向洪諲禪師請教污染的問題：「像霜雪一樣潔白，如何？」

洪諲答：「還是污染！」

又問：「那什麼才是不污染？」

洪諲答：「五顏六色！」

對的，「造作即污染」。拿化妝品來說，有人為了皮膚白皙，七塗八抹所造出來的「粉白」，按禪學的角度也是一種污染。真正的「不污染」應該是自然，是「五顏六色」。

有位女孩拒穿純白的衣服，「因為我擔心沾上污點。」她說：「白色最容易弄髒了，穿著不再潔白無瑕的白衣服，我會覺得身上也沾上了污點。」

這就是被完美的「潔白無瑕」所污染了。

在電視裡，我們經常可以聽到類似「近乎完美」、「無懈可擊」、「零缺點」的廣告。不論經銷商的口號吹得有多響，你不難發現新屋有裂縫、新車有瑕疵，連所謂的浪漫假期也常是搞得敗興而歸，一點也不浪漫。廣告可以吹牛不用繳稅，但你卻不可不知一點，那就是：這世界本來就沒有十全十美的事情，你又何必為虛無的「完美」所污染呢？

Carl A Hammerschlat曾寫過一首名為《失竊的靈魂》的詩：

心靈會腐朽蒙污，並不是因為我們不完美，

因為天地萬物沒有完美無缺的，
即使有，也只是表相而已。
讓我們困頓無知的，是積壓不去的心靈垃圾，
它才是招來禍害的主因。
如果我們立即面對，不做埋沙的鴕鳥，
那麼縱使遍地垃圾，也能長出碧綠的大樹。

我們並不完美，但我們必須接受自己原來的樣子。就如庫伯樂羅斯所說的：「我不是很好，你也不是很好，不過這沒關係。」

找回蒙塵的心靈

完美主義者是那種自己受苦難還嫌不夠，又硬拉別人也去跳火坑的人。

不完美又何妨

完美主義者和工作狂一樣，
同是出於無法肯定自我的價值所致。
當我們年紀還小時，父母就教我們要「往高處爬」，
卻沒有提醒我們殘酷現實面的問題。
其實，世界上本就沒有「十全十美」的事情，
你又何必被虛無的「完美」所迷惑？

學習真心聆聽

秀秀與萱華兩人是好朋友，萱華一向古道熱腸，喜歡助人。一天兩人碰了面。

秀秀：昨天我在公司發生一件好糗的事，那時我正好……

萱華：不用說，我也知道，一定又是你太雞婆了，對不對？（萱華不待秀秀說完急著插嘴）

秀秀：才不是呢！因為我衝太快，不小心撞上了我們老闆……

萱華：結果呢？

秀秀：結果當然是尷尬死了！只好……

萱華：那你老闆怎麼樣？他有沒有很生氣呢？

秀秀：你不要急嘛，聽我慢慢講嘛！……

你是否也曾遇過這樣的情況？有些人根本無視對方的存在，當和他說話時，他總是左顧右盼，或老是插嘴，讓你覺得自己像在對牛彈琴，沒受到尊重。這種不注意聽對方說話的表現，實在是最不禮貌的行為。

我們都希望有人能真正用心聽我們說話，而且真正了解到我們話中的意思，否則就會有被誤解和被忽略的感覺。我常常聽到別人抱怨他們的父母、兒女、伴侶、同事、老闆「不會聆聽」或「拒絕去了解他們」。的確，我們常常因為得不到親近的人充分了解而憤慨難安。

記得有一次，一位朋友的女兒向我抱怨，她的父親太嚴肅、不知體諒。她迫切需要父母的愛和關懷，但又不敢向父母吐露。

例如幾天前她收到一封男孩子寄來的信，內心非常惶恐，想徵求父親的意見。她擔心地喊著：

「爸——」

「什麼事？快說。」

「有一個……」

「有一個什麼？」

「有一個……」

「什麼人？」父親不耐煩地問。

「一個男生……」

「去認真讀書，不可以交男朋友……」

父親無法把自己的想法和情緒放在一邊，用接納的態度去傾聽孩子的心聲，結果，往往造成破碎的創痕。

我跟朋友詳談，他承認自己有錯，卻不願的女兒道歉。他的自尊心使他無法邁出改變的第一步。

還有一位病人，曾陷入沮喪憂鬱的深淵中，她想把自己的感受告訴父母。她第一次說：「我覺得了無生趣。」可是父母毫不在意。後來她又對父母說她不想活了，但雙親仍不以為意。她終於自殺了，所幸救活。當父母趕到醫院才心急如焚地說：「妳好傻，為什麼這麼做？有什麼不能解決的，為什麼不早告訴我們？」

各位不難想像，聽到這話的女孩，心裡會有多難過。因為用心傾聽是一種愛的行為，而家庭或婚姻則是這種行為的最佳表現場所。可惜的是，很多父母、配偶從不用心聽對方說話。

傾聽代表耐心、開放與想要了解對方的誠意，這些都屬成熟人格的修養。心理醫師在協助家庭或婚姻失和時，最主要的工作往往就是教他們彼此傾聽。只有當心靈真正開始傾聽，才能真正了解掩埋在心底深處的感受。

尤其是在哀傷的時候，人們所需要的只是「你」，而非「你的勸告」。一雙願意聆聽的耳朵，遠比一張說話的嘴更受歡迎。一位修心理學的同事就告訴我，病人為什麼喜歡找我們，因為他們知道我們是少數肯真心聆聽他們的人。

由於只有少數人肯真心聆聽，因此一個好的傾聽者，不但到處受歡迎，而且會獲得他所需要的友誼。伏爾泰說：「通往內心深處的路是耳朵。」的確，有時候不需說任何話，只要凝神傾聽，就是給對方最大的幫助。

兩千年前，希臘哲人戴奧尼斯曾說：「上天給我們兩個耳朵，一個嘴巴的意思，就是要我們多聽少說。」

戴爾・卡內基更提醒大家，要記得，你正對他說話的那個人，對於他自己，他的需要和他的問題，要比你和你的問題關心一百倍。對他來說，他的牙痛比在中國餓死一百萬人的飢荒重要得多；脖子的一個疔，要比非洲的四十次地震，更教他關心。下回要開始與人交談時，先想想這個。

有一個學生問哈佛大學教授柯布蘭(Charles Townsend Copeland)：「如何學習說話的藝術？」教授說：「假使你聽著，我就說。」這樣沉默了片刻，學生說：「教授，我在聽著。」教授說：「你已經學會了。」

怎麼樣，你也學會了嗎？

找回蒙塵的心靈

對於你所愛的人，你所能給的最大的禮物就是：「無我」的傾聽。

靜靜地傾聽他們的忿怒和失望，而不加任何否定或評斷。

心靈夏日的陣雨

悲傷是常見的情緒反應，而它的自然表現方式就是哭泣。當我們小時候不快樂時，自然而然會哭起來，因為感情能完全地宣洩，不會積壓。所以孩子不會記恨或長期憂傷，往往哭過之後就忘了。

但是在成長的過程中，大人凡事皆以自己的角度來告訴孩子，什麼是對，什麼是錯的，很少從孩子的立場來看他們的事。一個大人通常無法了解，小女兒為何為她的洋娃娃掉了一條腿而痛哭不止。直到父親使出撒手：「不准再哭，否則爸媽就不愛妳！」這種恐嚇通常立即見效。因為受到打擊的小心靈，深怕失去了心愛的玩偶後，又失去父母的愛，所以多半會立即拭去眼淚。在他們學著表達感受時，就已先被扼殺了情感和知覺。

孩子們被教育要克制感情，不能哭、不能發脾氣，一些負面的感情表露卻被壓制。日積月累、愈壓愈深，一直到情感麻木，不哭也不笑，結果累積了一大堆的「心理垃圾」。等到氣憋久、憋多了之後，心理失衡引起生理紊亂，再感嘆「身體不好」，而四處求醫吃藥。

使用過高壓鍋的人都知道，鍋上那個小小的安全閥，看起來不起眼，作用卻蠻大。鍋裡的蒸氣蓄積到一定程度，安全閥會自動開啟，放掉一些氣，維持在適當的壓力下把飯做好。如果沒有這個安全閥，或是安全閥失靈了，不僅飯做不成，還會使高壓鍋爆炸。情緒沒有發洩出來，就像壓力鍋蓄積能量一樣，等累積到一定的限度便會爆發。

流淚是飽滿貯水池最佳的「洩洪」管道，流淚更是排除「心理垃圾」的良藥。比較容易哭泣的人，多半具有較好的自然痊癒力。悲傷的流淚，同樣也可能發生在高興感動的「喜極而泣」。眼淚能帶來抒發情緒的快感，排洩有毒化學物質，還能促使腦內啡呔的分泌。就像文學上所說的，哭泣可以「洗滌憂傷」，讓你重新出發。

流淚的好處還不僅於此。比方說，它還是一種心理學家周知的「發洩療法」。流淚表示你拆除了裝戴許久的「面具」，或者上了妝的「偽面」。當眼淚洗淨蒙塵的心靈，自我才能撥雲見日。

我們不但要讚美笑，更要鼓勵哭。一個不會哭的人就像從來不下雨的天空，只任乾燥的心壓抑枯萎，不見淋漓滋潤的清涼。

想笑就開心地笑，想哭就放心去哭，不要凍結眼淚。會哭意味著「我哭故我在」，它是一種情感的奔流，就像眼睛跑進一粒沙一樣的正常，「哭」表示你懂得「真正」的情感。

眼淚是心靈夏日的陣雨。哭過，你將感到無限的輕鬆，一如雨後的天空，潔淨明亮。

找回蒙塵的心靈

淚水能引領痛苦變成希望。

生命之水

久旱甘霖、荒漠甘泉
乃至於魚水之歡
水——生命活力的起源

用愛溫暖冷漠的心

現代人彼此住得很近，但心卻很遠；大樓蓋得很高，視野卻很小。人心看似熱烈，實則冷漠。

名作家利奧・巴士卡力(**Leo Buscaglia**)曾明確指出，今天的人之所以活得不快樂，就是因為大多數人都太自我、太冷漠。他說：「我們關心的，遠比我們知道的少；我們知道的，遠比我們所愛的少；我們所愛的，遠比我們能愛的少。正確而言，我們所表現的，遠比真正的我們要少。」

他鼓勵大家要「把自己挖掘出來」，主動去愛，並學習去愛。

德蕾莎修女的一句話：「愛的反面不是仇恨，而是漠不關心。」要感受到愛，我們必須奉獻出愛，唯有在付出愛時才能更懂得愛。愛的感覺，是行動所帶來的成果。

簡單說，愛的第一步，不是接受，而是付出。它包含了關懷、奉獻、寬恕、認同、滋潤、支持等。愛是溫柔的給予，你越是去愛，你的生命就越豐富。

事實上，這世界上付出越多愛的人，往往也是越偉大的人。如甘地、林肯、史懷哲、德蕾莎……。泰戈爾即說：「願死者有不朽的名，願生者有不朽的愛。」每一個生命的成全都充滿了愛的奇蹟。耶穌講「博愛」、孔子講「仁愛」、佛家講「慈悲」、回教也講「慈悲」，都在告訴我們，只有透過人類愛的智慧，才能體會出生命的光輝和價值。

把「愛」當作動詞，而不是名詞或副詞。愛是一種活動的情感，要想保住它，最好的辦法就是把它奉獻給別人。中國有句諺語：「予人玫瑰的手，常有一縷芳香。」如果我們能伸出雙手，無條件地奉上愛，關心別人的需求，將使我們獲得更多的回報。

海倫・萊恩的詩句：

付出的愛愈多，得到的愈多，
美好的人生，體貼的朋友，
就是我們所付出的，
豐富我們每一天的生活。

著名的美國女詩人愛彌麗・狄更斯也寫過一首相關的詩：

如果我能阻止一顆心的破碎，
我便不虛此生；
如果我能撫平一個人的傷痛，

或是減輕一個人的痛苦，
或是幫助一隻昏厥的鷓鴣，
送牠重新回到溫暖的窩，
我便不虛此生。

梵谷說：「熱愛生命最好的方法就是去熱愛許多事物。」無可否認，在整個愛的過程中，我們感受到生命的幸福快樂，不論是我們因愛而付出，或對方因我們的付出而給予愛的回報，原本互異的生命體，在愛的擁抱中交融合一，在心靈的共鳴中感受悅樂甘泉。

你有沒有讚美過一位陌生人呢？你曾經對一個不認識的人笑過嗎？如果我們能對陌生人好，對與自己生活無關的人表示仁慈，那麼也該能夠對任何人都好，包括對自己家人在內。

愛需要練習，需要在生活中不停去實踐。每一天為了愛別人，我們都要多付出一點。

如果剛開始做不到，你可以「假裝」自己是充滿愛的人，做出種種看來是有愛心的行為。例如扶起路邊跌倒的行人，或是用關懷讚美的語氣與人交談「我能幫得上忙嗎？」、「我喜歡那個人」、「我愛花」、「我愛你」……記住要「假裝」得像一點！

照這樣做下去，有一天你會發現，自己原來也是一位富有愛心和情意的人！

擦淨你的心靈，溫柔你的內心，試著體會一下：當心中充滿愛的芬芳時，世界有多美！

找回迷失的生命

愛是個人的價值在他人身上的顯現。

深深地去愛，不談條件。當你伸出雙手、張開雙臂，你也解放了自己的性靈。

對生命的希望與關注

中華民國野鳥協會副理事長　李平篤

曾經有媒體問我，在野鳥學會擔任理事長和義工，與教授本業的感覺有何不同？實際在我所從事的研究或教學都是屬於比較生硬和艱澀的工作，有時甚至會覺得沉悶與枯躁，而讓心情陷入了低潮。

在偶然的機會下，我接觸到野鳥學會，擔任解說義工，對於我下半輩子的生涯規劃有了非常不一樣的轉變。

義工的無私奉獻、無怨服務與無悔的犧牲，回饋到自己的是感受到人性的善良與生命的光輝。

何權峰醫師和我緣慳一面，但是在他給我的邀稿信函中，充滿了盼望與誠摯的心念。就好像自己在義工生涯中常碰到的熟識或陌生的人群一樣，只要人人都有互相關心的「好心情」，即便是第一次謀面，要突破冷漠的隔閡，那只是「心念種籽」的選擇而已。

何權峰醫師的另一本好書《貼心——掬一瓢暖意》以溫柔開懷的人生態度，燃起我們對生命的希望與關注。

寵愛你自己

醫院病床上躺了一位老太太，她那多年的丈夫與成年的子女陪在身側。老太太以微弱的聲音說：「我從來沒有認真活過。」

他的先生率先回答：「千萬別這麼說，你是個好太太、好母親，對家庭盡心又盡力。」

「沒錯，但我做得不夠。」

「媽，別這麼說。你總是支持我們、照顧我們，每天從早忙到晚，太辛苦你了，媽媽。」女兒說道。

隨後她兒子走上前來彎身探向母親的病床，溫和地對母親低語：「媽，你為我們做的實在夠多了，你看，就連你自己的身體都累壞了。」

「沒錯，但我做得不夠。我給得太少，愛得太少，不應該一天到晚只會工作。」

大家都堅持說：「別這麼說，媽媽，你做得夠多，夠好了。」

「不！」老太太最後一次說了：「我的意思是為自己做得太少了。」

你知道嗎？我們大多知道什麼會讓伴侶、父母、朋友、小孩感到快樂，但我們常說不出什麼會教我們臉上出現一抹微笑，讓我們的心感到滿足。我們滿腦子只有別人，總是被擔憂的焦慮所盤據，但對自己卻一無所知，或者漠不關心，整個人就像傀儡一般，任由他人和事件操縱，卻從未真正關心過自己。

有一回，在一個以「生涯成長」為題的研習課程上，帶領的講師要求在座的每一位學員寫下自己一生究竟在扮演哪些角色？絕大多數的人毫不猶豫地寫下：丈夫、妻子、朋友、子女、父母、媳婦、部屬……等等，林林總總加起來，每一個人起碼有七、八種角色之多。

那位講師看過之後，並沒有多說什麼，只是淡淡問了一句：「你們每個人寫了那麼多，請問你『自己』在哪裡？」在場學員愣住了，一時間竟然無言以對。

的確，我們常常忘了「自己」的存在，在眾多角色中要演這個、演那個，結果卻常常忘了「演自己」。我們總是為了滿足別人的期待，卻忽略了還有自己。

許多人都誤以為「愛自己」就是自私。但是事實上，如果我們不能愛自己，又如何去愛別人呢？

不愛自己的人，無法以自己的愛來滿足自我，所以心中總是有種空虛、需求被填滿的感覺，因此時時渴望別人賜予愛來填補這份空虛。不愛自己的人無法欣賞自己的優點，也學不會欣賞別人的優點，對於別人只有虛浮的仰慕或嫉妒，卻不能真正關心。因此，「能愛自己」，是「能愛別人」的第一步。

航空公司的救生須知中很清楚地告訴我們，萬一要使用氧氣罩的話，父母應該先戴上自己的氧氣罩，才可以協助隨行的小孩。道理很簡單，如果父母幫不了孩子，那孩子的情況會更危險，倒不如等父母先把氧氣罩戴好再說。所以只有先照顧好自己，才有餘力幫助他人。

自愛才能愛人，愛人才會被愛，精神學家里納・歐爾(Leonard Orr)建議：「我們的責任是要照顧自己，然後再教導別人如何照顧自己。」你必須自己先綻放光芒，然後別人才能看得到光芒。

愛是一種對自我生命的肯定，一旦擁有，它就會不斷地在我們心中滋長、茁壯。但是如果你不愛自己，心裡根本就沒有愛，更遑論去散播愛了。

我們必須先寵愛自己，學會做你自己，而後心智才會釋放你。事實上，大部份人都費盡精力壓抑自己的感覺，設法去做非本來面目的人。無可否認的，我們展現予世界的自我，與隱藏在內心的自我之間，存在著一個鴻溝。

佛陀說；「全世界中，你找不到一個人比你自己更值得愛的。」

我們可以張開緊密的雙唇，學著說；「我愛你，但我也愛我自己。為了照應我自己，我必須這麼做。」

注意你是如何對待你最關心的人（朋友、情人、配偶或子女），試著以同樣的溫柔，接納、寬容和愛護擁抱你自己。每一天，重新委託自己善待這一天全新的你，學著給自己多一點鼓勵，少一點責難，好嗎？

找回迷失的生命

勇敢一點問你自己，為了讓自己快樂，什麼是你真正的需要？

你必須鼓起勇氣，對自己內心深處最渴求的慾望，做出承諾。

寵愛你自己

在生命的眾多角色中，我們經常要演這個演那個，
結果卻常常忘了要「演自己」、「愛自己」！
但「愛」是一種對自我生命的肯定，如果你不愛自己，
又如何去愛別人呢？

分享比擁有更富有

有個教會，要蓋一間新教堂，所以教堂執事們都到教友家去勸募建堂經費。有一個教友覺得蓋堂經費太多了，他不想奉獻。教堂執事就說了一個他自己的故事：

「廿五年前，我家多了一個男孩子。他到這世界來了以後，就一直花好多錢。小時候不免容易生病，花在醫院裡的不少，再加上玩具、營養品；長大一點，上學、買書、學音樂，也要花錢；再過一段時間，看電影、跳舞，跟女朋友約會也要花錢；進了大學，花錢更多；正待他將畢業的時候，卻染上了絕症，死了。」

教會執事停了下來，清一清喉嚨，沉沉地說：「你知道嗎？從此以後，他就不再花我的錢了，一個錢也不花！」

德雷莎修女說：「世界上為什麼會有貧窮？因為大部份人都不想和別人分享擁有的。」有錢是福報，懂得如何善用金錢則是智慧。金錢是寶貴的資源，有智慧的人能運用資源，而不是為外物所役用。

「富裕」(**affluence**)這個字的字根是**affluere**，意思是「流向」。**affluere**的意思是「充沛地流動」，也就是說，金錢是要流通才得以累積生命的能量。

金錢的另一個說法是「貨幣」(**currency**)，這也指出了其能量流通的特性。如果我們一心只想緊抱著錢財，中止金錢的流通，就會開始停滯、凝結、扼殺自己的生命力。反之，循環流通即能朝氣蓬勃，生生不息。

老子也說過：「智者不積財，其施也多，其得也多。」金錢和其他技能一樣，你用它，它就有價值；不用它，再多也沒有價值。世界上唯一讓財富加倍的方法，就是分配它。

某地有位鉅富，向以吝嗇而遠近馳名。當地人看見他，必投以鄙視眼光。有一天，他問朋友：

「為什麼大家都這樣看不起我？」

「因為你太看重金錢。」

回家以後，這位富翁足足想了一夜，第二天把律師找來，並當眾宣佈當他死後，所有財產捐作慈善事業。

但這位富翁發現這樣做，仍然未能贏得當地民眾的尊敬，只要在他經過之處，背後總有些指點和談論他的人。這使得富翁大惑不解，再度跑去問他的朋友：

「為什麼大家知道我已答應死後將財產全部捐出，還是這樣不喜歡我？」

他的朋友這樣回答：「讓我告訴你一頭豬和母牛的故事。有一天，豬向母牛訴苦，抱怨人們總是那麼討厭牠，而稱讚母牛的慷慨和仁慈。豬承認母牛供給人們牛乳，但認為自己給得更多，因為牠連整個生命都奉獻給人們了。母牛告訴牠：或許因為我是在自己還活著的時候就給吧。」

有時我問學生：「你死後，希望別人怎麼描述你？」你是很會賺錢，留下很多遺產；還是希望世人知你曾經活過，並感激你為他們做了一些事？

真正的名譽，不在於時人的羨慕，而在於能為後人所尊敬；真正的擁有，不在於一己的獨占，而在於能為大家所分享。別頸戴項鍊而心存鐵石。自私心田裡，永遠長不出同情的花朵。

快樂不是來自我們擁有什麼，而是來自我們做了什麼？讓我引述音樂劇「嗨，桃莉！(Hello, Colly)」中，那位睿智的媒婆桃莉的台詞：「金錢有如肥料，如果不遍地撒播，對誰都沒有好處。」亦正如大文豪托爾斯泰所說：「財富跟糞尿相同，蓄積它便會放出惡臭，然而散佈則能肥沃土地。」錢財只有用來造福他人時，才是真正的擁有。

找回迷失的生命

我們不能把自己的家築成一個天堂，而把地獄阻在門外。

伸出關懷的雙手

曾聽過一位醫生為何從醫的感人故事。

小時候，他住在極偏僻的鄉下，每到了冬天，厚厚積雪就會阻斷了他們農莊和鎮上的交通。

有一年冬天，他大約七歲，妹妹生病了，發著高燒，已到了神智不清的地步。等到他爸爸千辛萬苦跋涉過幾乎行不通的雪地找到醫生，再請醫生駕著馬車到達他們的農莊，此時小妹妹已經奄奄一息了。醫生在他們家整整待了二十四小時，直到危險期過了為止；全家人也都焦慮不堪，沒有一個人闔眼休息片刻。

最後，小男孩看到醫生穿過房間，走到他父母那兒，雙手搭在他們肩上，對他們說：「感謝上天，你們的小女兒已經渡過危期了。」此刻，小男孩看到他父母親的臉有了急劇的轉變。他從來沒看到他們如此快樂，臉上散發出如此幸福的光采。

「就是從那一刻起，我決定長大以後要做一個醫生。這樣我便能和那位醫生一樣，說出為別人的眼睛帶來光采，臉上帶來喜悅的話。」故事中的男孩說道。

當然，你不一定要做一位醫生，才能說或做出給人帶來喜悅的事；你只要願意付出你的愛心與關懷給需要的人，可以做的事多著呢！傷殘的人需要療養，傷心的人需要撫慰，飢餓的人需要食物，流離的人需要居所，而寂寞的心更需要友誼的滋潤。

去看看你能幫什麼忙，即使是幾小時和幾塊錢也能使一切改觀——對你和那些你將幫助的人，都會獲得心靈的滿足。

- 獻出你十分之一的所得——薪資、存款利息、投資利潤、退稅金額的一成作為慈善基金，捐給一些傷殘與無家可歸等真正需要的人。
- 當你在報章雜誌上，讀到令你感動的事蹟或好人好事時，寫信給那個人，去鼓勵那些值得你尊敬的人。
- 抽出一些時間去從事對社會有利的活動：拜訪重症的患者、幫助慈善團體做義工、清掃街道、為你的母校募款等等。
- 教導孩子學會施捨。教他們把零用錢捐些出去，要他們自己找一個值得給的人或事情，出錢也出力。

證嚴法師曾說：「願有多大，力有多大。」星雲大師也說：「天下事，愈不做愈不會做，以致永遠不會做；菩薩行，愈發心就愈歡喜，以致永遠不退轉。」

佛教的普渡眾生，救苦救難，這種菩薩的樂，是從施予眾生而來。虔誠的佛教信徒，在自己開悟以後，總是以渡世人為樂；而參悟仁慈和助人，乃是一個人永恒喜樂的泉源。

一個人的生命如果只是為自己而活，那的確是很貧乏的生命。不要再「只有自己」，想想別人，真正走出你的世界，看看你能給那些人什麼幫助，然後毫不吝惜地給他們幫助。

傳說在人死後要進入天堂時，天使不會問你的膚色深淺、教育高低，而要問你在俗世有何貢獻。死亡並不是生命最大的損失，最大的損失是當我們活著時，不再有任何貢獻，內心就漸漸死去了。

伸出雙手吧！記住，一切由你開始，你不先伸出手，又如何握得到別人的手呢？

找回迷失的生命

我很懷疑，一輩子從未給人帶來喜樂，也從未幫助過他人，就這樣過了一生。如此在年老時，會有美好的人生回憶嗎？

伸出關懷的雙手

只要你願意付出愛心與關懷給需要的人，
可以做的事情多著呢！走出只有「自己」
的世界，去看看你能夠給他們什麼幫助；
即使只有幾小時和幾塊錢，也能使一切改觀！

鼓勵使人更不一樣

史金納博士（Dr. B.F. Skinner）曾做過一個實驗，他把一隻老鼠關到一個空籠子中，裡面只有一根金屬棒，老鼠會先在籠子裡亂跑尋找食物，牠愈餓竄得愈厲害，在角落四處聞嗅，縱身攀到牆上去。

最後牠撞到金屬棒，一塊食物掉下來，食物出現後，老鼠就會在這一帶繼續找尋，總會再一次撞到金屬棒，吃到另一塊肉。於是老鼠學到一件事，只要碰到金屬棒就有食物可吃。之後，只要牠餓了，自然就會去碰棒子。

這是由學習得來的行為，老鼠原本不會撞棒子這種事，由於這樣做就有食物吃，就相對加強了牠的反應。食物是一種獎賞，也帶來了行為的正強化作用（Positive Reinforcement）。

一個在搖籃中的嬰兒，肚子餓了，或尿布溼了，就會大聲啼哭。然後他的母親會來餵他，或更換尿布，之後，嬰兒會很安穩地睡著。一旦這種情形發生了幾次以後，這個嬰兒便學習了，哭泣會引起母親的注意，從此以後，不管他想要什麼，他就哭。

這種正面的增強效果，乃是心理學中廣受重視的原理。也就是當你獎勵某種行為時，這種行為因為得到鼓勵，就會助長增強。

舉例來說，如果你非常希望先生能幫忙家務的話，當他哪一天，煮了一道菜、幫小孩洗澡，或乘興做了一點家事時，你一定要抓住機會，在這當口誇獎他：「你知道嗎?你做的很棒，我真的很欣賞！」、「你實在文武雙全，太了不起了！」就這樣，把他捧上了天都沒有關係，你將有意想不到的收穫的。

一個懂得賣衣服的人，會在顧客試穿一件昂貴的衣服時，賣力的讚美他。為什麼呢？因為從他的經驗得知，顧客會懷疑他是否做了正確的選擇，而這讚美會幫助他解除這層疑慮，下決心買這件衣服。

「正強化」說穿了就是鼓勵，有鼓勵，就有你所想要的行為出現。微笑、點頭、擁抱、親吻、一句讚美的話，別人的反應一定會有你意想不到的結果。

最讓我難以忘懷的一次是，通過博士班資格考那天。我在研究所的指導老師布朗，他要我到他的辦公室一趟。在此同時，他與沖沖跑出去買了一瓶紅酒為我慶祝。當我進入他辦公室時，他擺出熱烈歡迎的陣式，洗了兩只實驗用的燒杯代替水晶杯，盛滿晶瑩剔透的紅酒，舉杯向我道賀並給我鼓勵。這種溫馨的感覺，就像交到共度一生的好友一般，叫人舒坦又感激。這幾年，每想起這一幕，莫名的感動立刻湧上心頭。

從「獎」這個字的構造來看，上為「將」，下為「大」，其意義就是鼓勵受獎者，「將」來的成就要比現在更「大」。我們也應該多學習多鼓勵他人，這樣能讓他發揮更大的潛能。

有一位出版社的老闆經常誇讚女秘書的工作效率高。有一天，一位作家去拜訪這位出版社老闆，就對那位女秘書說：「你的老闆總是說妳的工作效率高，請問你有什麼祕訣？」那位女秘書說：「這就是他的祕訣。」原來這位出版商有個習慣，每逢女秘書替他做一點事，不管大小，都對她讚賞有加，使她更加奮發努力。

當我與生意興隆的企業經理人或公司主管談話時，我常請教他們成功的祕訣，得到的答案都不謀而合：「我的下屬都很優秀！」

這個答案聽起來平凡無奇，事實上卻創造了驚人的效果，而且還是免費的。你要不要也試試看？！

找回迷失的生命

樹會朝著陽光生長，人們則會朝著讚美的方向成長。

種善因得善果

美國名醫霍華特．凱萊（Howard A. Kelly）唸醫學院時，為了賺取學費，暑假都出去銷售圖書。

有一天他走到一戶農家，想求杯水解渴。有位少女笑著說：「如果你想喝牛奶，我可以給你一杯！」他飲下那杯清涼新鮮的牛奶，覺得非常舒暢。

幾年以後他在著名的約翰．霍金斯醫院擔任外科主任，有一天從鄉下送來一位重病的女郎。凱萊醫生把她安排在特別病房，請特別護士照顧她。他則盡力為她動手術，因此不久就痊癒了。

過了幾天護理長告訴女郎，明天就可以出院回家。這時她很高興，然而一想起這筆醫藥費，就不由得憂心忡忡。

拿到帳單後，她一項一項看下去，不斷地歎息，可是等到她看到帳單的結尾，只見上面寫著：「當年的一杯牛奶已經付清全部賬款。」簽名的正是名醫凱萊。

這就是施捨的法則。「施」產生了「受」；「受」產生了「施」。上去的必定會下來；出來的必定會回去。你善待別人，別人也會善待你；你創造了善因，必結回報的善果。

曾有個人夢見自己受邀去遊覽死後的情景。首先，他被帶到正中擺著一張大餐桌的大廳，桌上擺滿了山珍海味，每一個餐桌上都擺著一支五呎長的大湯匙。由於湯匙太長了，食物沒送到嘴裡就先掉在地上，就這樣大家搶來搶去，結果沒有一個人吃到食物。

「這裡就是地獄！」引領的人說。

接著，這個人又被帶到另一個也有大餐桌的房間，同樣有一支五呎長的湯匙。唯一不同的，是這裡每個人臉上都帶著滿足愉快的神情，原來他們沒有人在搶湯匙，只見其中一個人拿著長湯匙餵對面的人吃，被餵的人倒過來再舀食物給餵他的人吃。每個人都輪流餵食，大定都吃得很舒服。

「這裡就是天堂！」引領的人說。

「付出什麼就能回報什麼」，所有我們對別人想的、說的、做的，最後都會回到我們自己身上。一個喜歡苛責、批評別人的人，必會引來別人的忿怒和報復；反之如果我們能多關心別人，別人也會如是地回報我們。這個法則是亙古不變的。

實行施捨法則其實非常簡單：如果你想得到愛，就學習愛人；如果你想快樂，就帶給別人快樂；如果你想物質富足，那麼就幫助別人富足；如果你希望受到讚賞和關懷，那就學習給別人讚賞與關懷。「己所欲，施於人」，只要你經常幫助別人去獲得他們想要的東西，你也必然能夠獲得自己想要的。

你付出的愈多，收穫也會愈多，因為你讓宇宙的富裕在你心中川流不息。事實上，凡是生命中有價值的東西，只有在贈與之後才會加倍價值。

下定決心不管什麼時候，無論遇到誰，你都會給點什麼。不要擔心沒有錢，即使是一朵小花、一句讚美或一個祝福，都是強而有力的贈與。當你遇見某人，你可以默默為他祝福，祝他健康、快樂、開心。這種施予的力量十分強大，卻不花你一毛錢。

只要施予，必會有回報。你給的愈多，就愈能得到回報的效應。一旦你得到更多，你就愈有能力去施捨，想要的一切都將源源而來。

找回迷失的生命

付出就像山谷的回音一樣，你付出什麼，就回來什麼。

給別人帶來陽光的人，不可能把自己排拒在陽光之外。

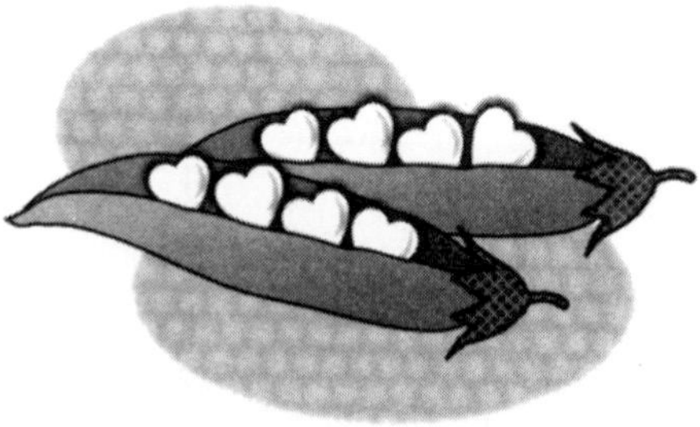

種善因得善果

如果你想得到愛，就學習愛人；
如果你想快樂，就帶給別人快樂；
如果你想物質富足，那麼就幫助別人富足；
所有我們對別人想的、說的、做的，
最後都會回到我們身上來，這是亙古不變的道理。

把握當下，莫等待

我的學長去年喪妻。這突如其來的事故，實在叫人難以接受，但是死亡的到來不總是如此？學長說他太太最希望他能送鮮花給她，但是他覺得太浪費，總推說等到下一次再買，結果卻是在她死後，用鮮花佈置她的靈堂。這不是太愚蠢了嗎？

等到、等到……，似乎我們所有的生命，都用在等待。

「等到我大學畢業以後，我就會如何如何……」我們對自己說：「等到我買房子以後！」、「等到我最小的兒子結婚以後！」、「等到我把這筆生意談成以後！」、「等到我死了以後……」

人人都很願意犧牲當下，去換取未知的等待；犧牲了今生今世的辛苦錢，去購買後世的安逸。在台灣只要往有山的道路上走一走，就隨處可以看到「農舍」變「精舍」，山坡地變靈塔，無非也是等到死後，能圖個保障，不必再受苦。

許多人認為必須等到某時或某事完成之後再採取行動。明天就開始運動；明天我就會對他好一點；下星期我們就找時間出去走走；退休後，我們就要好好享受一下。然而，生活總是一直變動，環境總是不可預知，在現實生活中，各種突發狀況總是層出不窮。

身為一個醫生，我所見過的死人，比一般人來的多。這些人早上醒來時，原本預期過的是另一個平凡無奇的日子，沒想到一個意料之外的事：交通意外、腦溢血、心臟病發作等等。剎那間生命的巨輪傾覆離軌，突然闖進一片黑暗之中。

那麼我們要如何面對生命呢？我們毋需等到生活完美無瑕，也毋需等到一切都平穩，想做什麼，現在就可以開始做起。一個人永遠也無法預料未來，所以不要延緩想過的生活，不要吝於表達心中的話，因為生命只在一瞬間。

如果你妻子想要紅玫瑰，現在就買來送她，不要等到下一次。真誠、坦率地告訴她：「我愛妳」、「妳太好了！」這樣的愛語永不嫌多。如果說不出口，就寫張紙條壓在餐桌上：「「你真棒！」或是「我的生命因你而豐富。」不要吝於表達，好好把握。記住，給活人送一朵玫瑰花，強過給死人送貴重的花圈。

每個人的生命都有盡頭，許多人經常在生命即將結束時，才發現自己還有很多事沒有做，有許多話來不及說，這實在是人生中最大的遺憾。

別讓自己徒留「為時已晚」的空餘恨。逝者不可追，來者猶未卜，最珍貴、最需要即時掌握的「當下」，往往在這兩者蹉跎間，轉眼錯失。人生短暫飄忽，記得有一首小詩這樣寫：

高天與原地，悠悠人生路；
行行向何方，轉眼即長暮。

正是道盡人生如寄，轉眼即逝的惶恐。

有許多事，在你還不懂得珍惜之前已成舊事；有許多人，在你還來不及用心之前已成舊人。

遺憾的事一再發生，但過後再追悔「早知道如何如何……」是沒有用的，「那時候」已經過去，你追悔的人也已走過了你的生命。

一句瑞典格言說：「我們老得太快，卻聰明得太遲。」不管你是否察覺，生命都一直在前進。人生並未售來回票。失去的便永遠不再。將希望寄予「等到方便的時間才享受」，我們不知失去了多少可能的幸福。

不要再等待有一天你「可以鬆口氣」、或是「麻煩都過去了」。生命中大部份的美好事物都是短暫易逝的，享受它們、品嚐它們，善待你周圍的每一個人，別把時間浪費在等待所有難題的「完滿結局」上。

找回迷失的生命

死亡也許是免費的——但是，卻要付出生命的代價。
勸你一句話：把握當下，莫等待。

在貧窮中，我活得泰然

陽明大學教授　周碧瑟

活到不惑之年，最感恩上蒼給予我一個辛酸的童年與艱苦的青年，使我倍加體會人生的美好，更懂得珍惜目前所擁有的這種苦盡甘來的感覺。

大專聯考，以兩分之差，沒進第一志願臺大醫科，而進了臺大藥學系。冥冥之中上天自有安排，如果當初唸了醫科，怎麼樣也不會走上公共衛生的生涯。這對我而言，實在是因禍得福，真正應驗「塞翁失馬，焉知非福」的俗諺。事實上，我是個很懶的人，只是沒有懶的條件。常自忖：幸好我生在清寒之家，受環境所迫，有些潛能硬被逼了出來。如果生在富裕之家，恐怕我至今一事無成。

十多年來的教學生涯所累積的師生情誼，是我此生最大的財富，使我覺得自己是世界上最富有也最幸福的人，深刻體會人生的美好。這些年來的聚聚散散，悲歡離合，也使我修練到「有，是一種享受；空，是一種福份」的境界。

我一直很感謝上蒼，給我這麼豐富的人生，給我這麼深刻的體驗，使我雖只屆不惑之年，卻已達知天命之境。我的人生哲學很簡單，只有十個字：做事方面：「盡人事，聽天命」；做人方面：「隨緣，惜緣」。這十個字，使我活得非常泰然。

盡情享受生命

當病人送進急診室、手術房、加護病房時，在外守候的親友臉上總是掛著焦灼的倦容。他們內心擔憂卻又說不出口的一句話，就是「他會不會死？」這也是大家最害怕的事。

一般說來，「生」是喜悅，「死」是哀傷；但是從另外一個角度來看，「生」未必喜，死未必是「悲」。

怎麼說呢？

讓我舉個例子：在港口有兩艘船，一艘揚帆待發，一艘停泊入港，人人都為出航的船歡呼慶賀，停泊入港的船卻鮮少引人注意。有一位智者卻說：

「別為出航的船慶賀，因為，你們不知道海上會起什麼暴風雨，會遇到什麼樣的危險，而應為入港的船慶賀，因為它已完成旅程，平安地回來。」

生命的道理也是一樣。當孩子出生，人們慶賀；有人去世，人們哀泣。其實，應該相反，沒有人知道孩子會面臨多少災難和痛苦；但是，當有人平靜或沒有病痛地離開人世，我們應該高興，因為他是幸福且圓滿的。就算是帶著病痛離開人世，我們仍應感到欣慰，因為他已經脫離痛苦，不用再繼續承受煎熬，不是嗎？

在峇里島，他們將死亡看成福氣，辦喪事就像迎接新生兒一樣。人們以同樣歡欣的心情和慶典儀式來料理後事。對峇里島的人而言，死亡只是生老病死持續不斷的一個環節。正如莊子所說，死就像回家，是一種自然現象。

每個人都會死，離開這世的肉身，投向下一站旅程。而靈魂老是失去上一次旅程的記憶，以致種下人們對死亡深刻的恐懼。我們不知道靈魂離開肉體會到哪裡安身，因此始終不敢轉過身來，勇敢面對「死亡」這再自然不過的生命現象。

人活著，其實就是朝向死亡走去，只是距離的長短罷了。耗費時間擔心死亡，就是生活在未來之中。在這種情形下，到真正面臨死亡之前，這個問題早已剝奪了我們生活的樂趣。猶太人安息日不上墓園，因為他們認為，上教堂慶祝生命，比到墓地哀悼死亡要來的重要。

充實生活，就是延長生命。為什麼不乾脆接受人類必死的命運，好好為今天而活？

誠如大衛・維斯考特（David Viscott）所寫的：「當你說你害怕死亡時，其實你真正害怕的是，你還未真正活過，這種害怕的感覺將世界禁錮在寂靜無聲的痛苦之中。」死亡並不是問題所在，生命才是；死亡不是失敗，不能接受生命的挑戰才是。

「讓死亡的恐懼激發你去了解自身的真正價值，以及想過的生活，」維斯考特鼓勵每個人要「讓死亡的恐懼幫助你去尊重每一個時刻、利用它，活得真實。」

許多接近死亡邊緣，最後生還的人常表露出一種相同的情懷，那就是對錢財和物質不像以前那麼重視，反而對生命更加感恩，並且更愛他人。當你接受自己終將一死的事實，更多的愛和感恩便會走進你的生命。

我常要求病人學習生活在短暫的一小時裡。因為對死亡的恐懼根深柢固，使我們完全無法專注於當下。就某種意義而言，當我們不再意識到外在時空的存在，我們便開始活著享受此時此刻的一切。

一位老病人告訴我，生命竟有種「活在瞬間」的感覺。有一天她坐在窗戶邊的椅子上，一陣和風從窗戶吹了進來。忽然間，她覺得她生命中第一次感受到和風輕拂她的肌膚，這在以前是從未體會過的感受。

還有一位有過幾乎死亡經驗的人說：「突然間，許多人都變得友善多了，鄰居、朋友也常過來和他聊天。」這位生還者不知道這是怎麼一回事，其實，個性改變，心胸變得開朗的人是他，不是別人。他愉快地說：「我全心全意地享受生命，每天如此，就算我明天死去，也不後悔。」

的確，沒有人可以活著結束生命，那麼在有生之年，你何不盡情地享受呢？

找回迷失的生命

死沒有豁免權，人們必須接受死亡、學習死亡，進而懂得生存的意義，實踐每一個生命的剎那。

改變我生命的三個病人

台北榮總護理長
林文香

在一個不預期的情境中，一腳陷入紅斑狼瘡，飽受狼瘡帶來的靈肉之苦。我害怕，因為對紅斑狼瘡一無所知；我無助，因為連自己的身體都不再聽命於大腦的指揮，亂了秩序；我恐懼，什麼是理想？那兒有未來？生命呈現低調。更糟的是我掉進了爛泥槽中，爬不出來，也沒有勇氣爬出來。

一天，病房裡住進了一位六十來歲的病人，因耳朵的美尼爾氏暈眩而住院。愁眉不展、哀聲嘆氣。當我知道他為自己的不幸而難過的時候，我講了一個故事給他聽。我敘述著自己的遭遇，也許讓他覺得自己的運氣還不那麼糟吧，心想著。

當我講述完自己故事的剎那間，我意識到我能面對了，面對自己從來不肯承認生病的事實。我從來沒想過我的生命還有可以利用的價值，我興奮地直想跳躍——我走出來了！我終於走出來了！

接著我被安排見了兩位住院中的狼瘡病人，一位是就讀高中的男生，狼瘡腎炎，病情嚴重，病母心急如焚。當我走進病房時，被病母的眼光懾住了，似在絕望中又見到了曙光與希望。我被這樣的情景感動了——原來只要我出現，就能帶給別人「生」的希望，那麼簡單的事，我能不做嗎？

另一位是狼瘡腎炎至腎衰竭的女孩，心情低落得幾乎沒有生存的動力。她哭著對我說：「為什麼？為什麼是我？為什麼我就不能和其他女孩一樣，可以戀愛、結婚、生子？」我緊緊地握著她的手，拭去彼此臉上的淚痕……

如果老天憐惜我，還給我一個健康的身體，那我的身體應該屬於狼瘡病人的！但一個個地探視，我的力量又有多大？我告訴自己；我要用我的筆寫出來，我要用我的口說出來！我做了對抗狼瘡的尖兵，十年來，我新的生命，因狼瘡而更加豐富，我的身體也越加健康了。

溫柔法則30

1 你所從事的工作，可以豐富生命，也可以唆使生命遠離你。捫心自問，內心真正想要什麼？傾聽它的回答。

2 在進一步交往之前，先問自己：我喜歡這個人是否附帶條件？我是否在逃避什麼？我是否企圖想改變這個人？如果你對其中任何一個問題的答案是「對」，那麼你還是離開這個人。他（她）沒有你，會過的更快樂。

3 如果「擁有」那麼難，那就學習「放下」吧！

4 生活是一種享受，而不是一種負擔。多愛自己一點，當你生活中第一次決定把自己放在優先位置上時，你將發現，那有多棒！

5 每天，至少告訴一個人，你喜歡、仰慕或欣賞他的地方。

6 當你買了一樣對方一直想要卻一直沒有去買的東西時，那份禮物就是最浪漫、最有價值的東西。

7 失戀就是與一個不愛你或你不愛他的人脫離關係，那又有什麼不好呢？

8 與其抱怨造物者在玫瑰花叢裡附上尖刺，倒不如感謝造物者在尖刺上，添入玫瑰花。

9 太忙了，是否早已忘了躺在草地上的舒爽？偷一點閒，原來日子也可以這樣過的！

10 當我們對別人有更多的了解，就會有深切的諒解；當我們對別人有真摯的同情，就會有更深長的感情。

11 合理就好，不需要太完美。請相信，人有缺點才可愛。

12 等待別人來疼惜你，是條漫漫小徑；疼惜自己，卻是條康莊大道。

13 你怎麼想別人，就等於告訴了別人該怎麼想你。所以當你在下次又想「歪」時，請想想這句話吧！

14 享受生活的關鍵，不在於金錢，也不在於事業成就，而在於時間與心境。

15 要別人愛你只有一個祕訣，就是做一個值得愛的人。

16 不要急於表達你知道的一切。停下來，然後仔細想想，你說的話會助長還是破壞這次談話？

17 婚姻沒有你贏或我贏，只有雙贏或雙輸。為什麼一定要贏？別忘了，你們是愛人，而不是敵人。

18 愈是不可愛的人，愈需要被愛；愈是吹毛求疵的人，愈需要被關心與了解。記住這句話：「在忿怒的面孔背後，往往隱藏著一顆憂傷的心靈。」

19 當情況無法改變時，不要浪費精力在不滿意上。

20 仇生仇，愛生愛。多一點欣賞，就少一點挑剔；多一點鼓勵，就少一點批評。

21 為了確保別人無條件地愛你，你就不要先在別人身上加諸任何條件。

22 不要怕付出，如果你是心甘情願，便永遠不會付出太多。

23 想擁有，必先完全付出，就能全心擁有。

24 愛必須放開手，等到它又回頭時，你才懂得真正的愛。

25 愛自己是一種終生羅曼史的開始。愛上別人，一定會有痛苦，但是，更愛自己，卻是解除痛苦的良藥。

26 學著聆聽對方想傳達些什麼。記住，你不能從「聽你自己說話」學到什麼。

27 去看看你能幫什麼忙。凡是生命中有價值的東西，只有在贈與之後，才會加倍增值。

28 你常吵架嗎？教你一招，首先盡量壓低你的音量，再放慢說話速度，加上「不說最後一句話」。試試看，這樣是很難吵得起來的！

29 被批評嗎？想開點！這表示你已非昔日。你讓人嫉妒，甚至威脅到他人發展的機會，所以才會成為箭靶。這樣想，是不是舒服一點？

30 兩性相處之道，不在抹掉或改造對方的風格，而是成全雙方的真實自我。

愛，不是相互依戀的纏綿，
不是海誓山盟的承諾；
愛，是默默付出的實踐，
是以真情體貼冷漠的溫柔。

何權峰

由衷感謝

【作序推薦】

李家同　　國立暨南國際大學校長
鍾思嘉　　國立政治大學心理系教育授

【惠賜嘉言】

周碧瑟　　陽明大學公衛系教授
蘇國書　　國語日報社兒童版主編
林國香　　聯合報專欄作家
李平篤　　台灣大學農化系教授
　　　　　中華民國野鳥學會副理事長
顏振寧　　雅歌實驗國小老師
林文香　　台北榮總護理長
石元娜　　國大代表
　　　　　中廣女人香頻道總監
許建忠　　野鳥協會義工
楊健志　　合康健診中心總院長

感謝以上社會名流　惠賜嘉言
本書才得以如此完備

生活勵志015

愛錯在哪裡

愛已然消逝，那一切美好不再，季節已變，我倆之間已經沒有春天；花落水流，芬芳不再，該是曲終人散的時候了……

為什麼愛走到最後總是這樣？你不禁問。

愛，到底錯在哪裡？

愛並沒有錯，親愛的，你錯愛了，那是因為你以為的愛，並不是愛。有千千萬萬的人活在自以為是愛人的謬見之中，他們認為自己在愛，但這哪是愛，這不過是「自以為是」罷了！

許多人只是看見一張漂亮的臉蛋，一個姣好的身材，或是一份包裝精美的禮物，就認為：「天啊！我戀愛了！」你以為愛是什麼？是臉蛋、是身材、是禮物？這跟愛有何關係？過一陣子你就會明白，同樣的臉、同樣的身體，即使包裝的再精美，你遲早都會厭煩的。你所謂的愛只不過是腦袋在發燒，等燒退之後，熱情消退，你將發現光靠高挺的鼻子、豐滿的胸部是無法填補內心的空洞的。

或許你並不是那麼膚淺，你說，你會愛上他那是因為他很有內涵，他很有才華，他很有氣質，他很溫柔，他對你非常體貼，他對你、對你的家人很好，他真的很特別……。你說，你愛的是那個人的特質，而不是那個人的外表。我同意，你確實比較有深度，但我不想欺騙你，你的愛仍是膚淺的。

如果你是因為對方擁有的東西而去愛，你就不是愛他們，你愛的是那個特質；我要告訴你，愛那些特質並不是件什麼了不起的事，你愛的只是那些你沒有的或是你想得到的，明白嗎？如果你是因為對方對你好而愛，那你愛的並不是那個人，你愛的其實是你自己。當對方不再對你好，你也就不愛，甚至由愛生恨，這怎麼能算愛呢？

去看看人們的愛。因為你愛他，所以你就對他有所期待；你期待他永不變心、期待能天長地久；你期待他完美、期待他完全屬於你；你期待他能改變、變得跟你期待的一樣……，假如你將這些都當成是愛的話，愛當然會一再出錯，因為你的愛不是真正的愛，那只是包裝而已，它們看起來很相像，這即是問題所在。

每一個人每一本書都在談愛，但愛卻逐漸在消逝，人們一再的錯失愛，為什麼？因為一直以來大家都沒有搞懂──愛，錯在哪裡？

生活勵志017

當下把心放下

就跟許多成功人士一樣，我每天的工作都是排的滿滿的。我認為生命有限，要活得充實，就要儘可能地不浪費任何時間。

我那忙碌的醫療工作，的確也很完美地配合，每天總有做不完的事。病患的表格還沒寫好，許多電話待回，處理緊急病患的對策還在思考……要用什麼藥、要不要開刀，開刀要考慮什麼？當鑽開頭骨，會不會傷到腦？當牽引器拿出來時，距離三公分外的血壓會有什麼變化？……腦外科手術可不比一般的手術，即使小小的錯誤都可能引致各種嚴重後果，我必須事先想清楚每一個步驟，怎麼進行、每一個狀況會持續多久、怎麼進到下一階段。萬一事情出乎意外怎麼辦？要怎麼避免？如果發生了要怎麼處置？

每個處置必須「當下」就做出判斷，每個表現必須「當下」就完美。在死神等著接手的手術台上，祂才不管你今天的心情好不好，你有沒有吃飽睡飽？你必須全然的投入，這也就是為什麼外科醫師在手術台的時候會忘了口渴、忘了肚子餓、忘記睡眠，甚至忘了身體，以致可以連續手術一、二十個小時都不覺得累，因為我們必須全然地專注於當下。

所以，理所當然的，我自許自己是個活在當下的人。然而，就在二〇〇一年年底我到舊金山開會後，這個認知有了很大的轉變。記得當時，我從機場趕往開會的途中，嚴重的塞車使我困在海灣橋的車陣裡，一種令人發狂的挫折感直向我襲來，這下毀了，我心想：「要是趕不上會議怎麼辦？」我感覺整個胃都糾在一起，心也跟著鬱結起來，就在這時突然有個聲音出現在腦中：「開會遲到，難道就會毀了我一生嗎？」這話如醍醐灌頂，我震驚自己是怎麼了？

望著車裡的後照鏡，我赫然發覺自己就像個陌生人，形色匆匆，卻不知是為何而活。對，我是為生命在努力，但卻忽略了要活出生命；我一直在處理緊急的事，但卻忘記了更重要的事；忽然間，我體悟到自己正錯失什麼，我舒服地坐在車裡，眼前就是一片美景，陽光撒在水面波光粼粼，而我卻視而不見，我人在這裡，心卻不在這裡，我已然錯失了美好的當下。

錯過會議是一回事，錯過這一刻，錯過這一生又是另一回事。我開始反省自己，我到底在急什麼？那麼匆忙又是為了什麼？我每天都活得很用力，卻不曾用心地活；工作或許讓我專注當下，但我的心卻從未放下，即使已經下班、休假、去渡假了，但我的心卻不在它所在的地方，我的當下也從未真正放下。

回想起幾年前那些日子，我就像一隻無頭蒼蠅般衝來衝去，從未停下腳步來品賞當下，如果你在午餐後一個小時問我，你中午吃了些什麼，我實在無法回答。我幾乎是一面狼吞虎嚥用餐，一面想著之前做了什麼事，接下來還要做什麼事。

這就是我所謂的成功嗎？難道這就是我要的人生？

感謝我的書本讓我反省，我知道這樣的態度一定要改。在這段時間裡，我很認真的考慮過要換種不同的生活方式，我想過要換個職場，或是只要教教書，或者退休下來寫寫書就好。想改變的動機並不只是一個單一的事件，而是幾經風雨後的領悟。

放下如果是可能的，那一定是在當下，不在過去，也不在未來。當下即是解脫的時刻，關鍵就在你願不願意放下而已。

當下，把心放下，這書是寫給你看，其實也是寫給我自己看的。寫到這裡，我望向窗外，一個天剛破曉，微風徐徐吹來的夏日清晨，我很同情的問自己：「那麼美好的一個清晨，你還耗在這房子裡做什麼？」

放下吧，就現在！